もっと知りたいボランティア

4

監修　西尾雄志（近畿大学准教授）

知ろう！国際協力ボランティア

目次

ボランティアと SDGs《エスディージーズ》

2015 年９月 25 日の国連サミットで、地球環境《かんきょう》を保全《ほぜん》しながら発展《はってん》をつづけるための目標「持続可能《かのう》な開発目標（SDGs《エスディージーズ》）」が採択《さいたく》されました。SDGs は、2016 年から 2030 年の 15 年間で国連加盟国《かめいこく》が達成すべき 17 の目標（ゴール）と 169 のターゲット（ゴールにいたるための具体的な課題）で構成《こうせい》されています。17 の目標は、国だけでなく企業《きぎょう》や市民が参加し、社会全体で達成をめざすものとされています。

本書では、ボランティアの活動を SDGs の観点からとらえ、SDGs のどの目標にかかわるかを右のアイコンでしめしています。

団体名《だんたいめい》の表示《ひょうじ》について

この本で活動をとりあげている団体《だんたい》には、NPO 法人および認定《にんてい》 NPO 法人がふくまれます。NPO 法人は、NPO 法人（特定非営利《ひえいり》活動法人）制度《せいど》にもとづき、団体の名前で契約《けいやく》や取引ができる法人格《ほうじんかく》を得《え》た団体です。認定 NPO 法人は、NPO 法人のなかでも、その団体に寄付《きふ》した人が税《ぜい》の優遇《ゆうぐう》を受けられる団体です。

NPO 法人は特定非営利活動法人ともよばれますが、この本では NPO 法人と記します。また、各団体の種類は「団体データ」内の「団体名《めい》称《しょう》」にしめします。

はじめに

ものから見るグローバル化

現代《げんだい》は、グローバル化が進展《しんてん》した社会だといわれます。グローバル化とはなんでしょうか。いま、みなさんが着ている服のタグを見てみてください。大半は、日本以外でつくられたものだと思います。また、日本の食料自給率《じきゅうりつ》は40パーセント前後です。つまり、わたしたちが食べているものの60パーセントは、海外でつくられたもの、ということになります。つまり、わたしたちは日本で生活しながら、世界中の人びととつながっているわけです。これがグローバル化の進展した社会です。

ただしそれは、生産者と消費者《しょうひしゃ》の関係でしかありません。なので、わたしたちの服をつくった人がどんな人なのか、どんな生活をしているのかは、意識《いしき》して調べてみないかぎり、わかりません。わたしたちが今日《きょう》食べるものの材料をつくった人が、どんな人なのか、どんな生活をしているのかも、わかりません。

また、身のまわりにも海外から来た人たちがたくさんいます。技能《ぎのう》実習生であったり、留学生《りゅうがくせい》であったりします。彼《かれ》らがどのような生活をして、何に不便しているのかも、わかりづらいと思います。同じ日本でくらしていても、遠い存在《そんざい》になってしまうのです。

グローバル化と人間

このシリーズの第1巻《かん》では、人助けについて考えました。その結果、近くにいる人は助けようとするけれど、遠くの人を助けようとは思いにくいことがわかりました。これを人間の道徳心の進化論的《しんかろんてき》な限界《げんかい》なのではないかと問題提起《ていき》しました。しかし、この本に登場する国際《こくさい》協力にかかわる人たちは、海外にいる「遠くの人」、海外出身の「遠くの人」のことを思いやり、多大な労力をはらって活動しています。彼《かれ》らをつきうごかしているものは何なのでしょうか。とても興味深《きょうみぶか》い点です。

ダンバー数ということばがあります。この数は、「気のおけない人間関係を維持《いじ》できる人数の限界」です。おとなだと 150 人くらいだそうです。また、社会心理学の分野で、シンパシーグループということばがあります。これは、「この世から消えてしまうと大きな悲しみを感じる人の数」です。だいたい 12 ～ 15 人だといわれます。人類の長い歴史《れきし》で、ダンバー数やシンパシーグループにふくまれる人は、ほぼ家族や親《しん》せき、ないしは近くにいる人だけだったのでしょう。

しかしグローバル化によって、これに変化が起きたように思います。グローバル化によって世界規模《きぼ》で移動《いどう》するのはものだけではなく、情報《じょうほう》や人もふくまれます。これによって、血縁《けつえん》関係にない人や遠くにいる人が、ダンバー数やシンパシーグループにふくまれる機会が急速にふえてきたのではないでしょうか。それがこの本に登場する人たちにあてはまるような気がします。

この本に登場する人たちは、「遠くの人を助けようとは思いにくい」問題をこえた人たち、道徳心の進化論的限界をこえた人たちのようにわたしには思えます。この本を通して、そんな人たちに出会ってください。何かが変わる予感がします。

2022 年 3 月

近畿大学《きんきだいがく》　准教授《じゅんきょうじゅ》
西尾雄志《にしおたけし》

参考文献《ぶんけん》　ロビン・ダンバー著《ちょ》 藤井留美《ふじいるみ》訳《やく》『友達《ともだち》の数は何人？　ダンバー数とつながりの進化心理学』（インターシフト）

国際協力《こくさい》ボランティア
おすすめチャート

この本では、７つの国際《こくさい》協力ボランティアの活動を紹介《しょうかい》しています。
あなたに向いている活動はどれか、このチャートでためしてみましょう。
気になった活動から読んでみるのもいいですね。

海外へ行って
支援《しえん》したい …………………… A
日本に住む外国人を
支援《しえん》したい …………………… B

A →
B ⋯→

あらゆる人の
力になりたい ……………… A
とくに子どもや女性《じょせい》の
力になりたい ……………… B

ベトナムから来た人の
力になりたい ……………… A
子どもの力になりたい … B

どこの国にも行ける ………………… A

とくにアフガニスタンに興味《きょうみ》がある ………… B

政府《せいふ》開発援助《えんじょ》(ODA)ボランティア

JICA《ジャイカ》海外協力隊《かいがいきょうりょくたい》 ………… 10ページ

水源確保《すいげんかくほ》ボランティア

ペシャワール会《かい》 ………… 14ページ

＊ペシャワール会は医療《いりょう》活動も行っています。
くわしくは記事をお読みください。

みんなが不自由なく生活できるようにしたい ……… A

命によりそい、みんなを健康にしたい ……… B

医療支援《いりょうしえん》ボランティア

国境《こっきょう》なき医師団日本《いしだんにほん》 ……… 20ページ

女性《じょせい》の健康支援《しえん》ボランティア

ジョイセフ ……………… 24ページ

差別にあう女性《じょせい》を助けたい …………… A

めぐまれない子どもを助けたい …………… B

貧困《ひんこん》・紛争《ふんそう》・災害下《さいがいか》の子ども支援《しえん》活動

アイキャン …………… 28ページ

技能《ぎのう》実習生・留学生支援《りゅうがくせいしえん》ボランティア

日越《にちえつ》ともいき支援会《しえんかい》 ……… 34ページ

外国ルーツの子ども支援《しえん》ボランティア

トルシーダ ……………… 38ページ

第1章

開発支援《しえん》を行う

開発途上国《とじょうこく》の人たちの
生活をよりよくするために
ボランティアの人たちは
どんなことを
しているんだろう？

さまざまな分野で
技術《ぎじゅつ》の指導《しどう》や
人材育成などを行って
その国の発展《はってん》を
支援《しえん》しているんだよ。

開発支援《しえん》とは

かつて経済力《けいざいりょく》や軍事力が強い国ぐにには、アジアやアフリカなどに勢力《せいりょく》を広げ、植民地として支配《しはい》していました。しかし、第二次世界大戦後、国際《こくさい》社会では、植民地支配を見なおし、民族の独立《どくりつ》をみとめ、新しい国ぐにの発展《はってん》を手伝《てつだ》おうという考えが広まりました。そして、開発途上国《とじょうこく》に対して支援《しえん》が行われるようになりました。

政府《せいふ》が行う開発支援を ODA といいます。ODA は支援する国と支援される国の関係を強くし、支援する国にもメリットがある場合が少なくありません。

いっぽう、民間の立場で国際的《こくさいてき》な開発支援にとりくむ団体《だんたい》を NGO といいます （→ 15 ページ）。NGO の多くは自分たちの専門性《せんもんせい》やネットワークを生かし、ほかの NGO や日本政府、国際機関、相手国政府などと連携《れんけい》しながら活動を行います。

アフリカのブルキナファソで、農民たちと稲《いね》の育ち具合を調べる JICA《ジャイカ》 海外協力隊の隊員。米の増産《ぞうさん》による貧困削減《ひんこんさくげん》にとりくんでいる。

Ⓒ飯塚明夫／ JICA

政府《せいふ》開発援助《えんじょ》(ODA) ボランティア

開発途上国《とじょうこく》を支援《しえん》し、相互理解《そうごりかい》を深め、海外での経験《けいけん》を日本の力に

JICA《ジャイカ》 海外協力隊《かいがいきょうりょくたい》

JICA《ジャイカ》 海外協力隊《かいがいきょうりょくたい》は、食糧《しょくりょう》不足、医療《いりょう》のおくれ、教育の不平等など、開発途上国《とじょうこく》の課題を日本政府《せいふ》とともに解決《かいけつ》する国の派遣《はけん》事業の一つです。開発途上国の発展《はってん》を支援《しえん》し、たがいに理解《りかい》を深めることをめざしています。派遣された隊員による顔の見える活動は、国どうしの友好的な関係づくりにも役だっています。また、開発途上国でのボランティア経験《けいけん》は、日本での仕事や地域《ちいき》活動に生かされることが期待されます。

55年間で5万人以上を派遣《はけん》

JICA《ジャイカ》は正式名称《めいしょう》を「国際協力機構《こくさいきょうりょくきこう》」といい、日本の政府《せいふ》開発援助《えんじょ》(ODA) で中心的な役割《やくわり》を果たす組織《そしき》です。そのなかのボランティア派遣《はけん》事業を「JICA 海外協力隊《かいがいきょうりょくたい》」といい、1965年に「日本青年海外協力隊」として活動がはじまり、2021年までに5万人以上の人びとが、開発途上国《とじょうこく》(以下、途上国) に派遣されています。

JICAは海外協力隊の目的として、三つのことがらをかかげています。一つめは「途上国の経済《けいざい》・社会の発展《はってん》、復興《ふっこう》への寄与《きよ》」。日本の意欲《いよく》ある人材を派遣し、産業や教育、地域《ちいき》コミュニティの発展を手伝《てつだ》おう、ということです。日本も第二次世界大戦の直後、戦災《せんさい》のために都市は荒《あ》れはて、食糧《しょくりょう》も不足していましたが、ほかの国からの支援《しえん》を受け、急速に発展をとげることができました。そんな日本の歴史的《れきしてき》な経験《けいけん》も、途上国支援に生かされています。

二つめは「異文化《いぶんか》社会における相互理解《そうごりかい》の深化と共生」。ボランティア活動を通し、相手の文化を理解し、同時に日本の文化を知っ

団体《だんたい》データ

団体名称《だんたいめいしょう》	独立行政法人《どくりつぎょうせいほうじん》 国際協力機構《こくさいきょうりょくきこう》 (JICA《ジャイカ》)
設立《せつりつ》	1965年 (当時は海外技術協力事業団《かいがいぎじゅつきょうりょくじぎょうだん》)
所在地《しょざいち》	東京都千代田区二番町《ちよだくにばんちょう》 5-25
メール	contact@jocv.info
ホームページ	https://www.jica.go.jp/volunteer/

てもらい、国どうしの関係をよりよくすることをめざしています。

三つめは「ボランティア経験の社会還元《かんげん》」。海外で視野《しや》を広げ、地元の人たちと課題解決《かいけつ》にとりくんだ経験を、日本での仕事や地域活動に生かしてもらうことを期待しています。

語学力より意欲《いよく》が重要

JICA《ジャイカ》は、途上国政府《とじょうこくせいふ》からの「日本の人びとの力を借りたい」という依頼《いらい》をとりまとめています。依頼は、土木、農業をはじめとする産業の指導《しどう》、日本語教育、柔道《じゅうどう》やサッカーなどのスポーツ指導、コミュニティーづくり、幼児《ようじ》教育や福祉《ふくし》関係など、さまざまです。かつてはアジア地域《ちいき》からの依頼が中心でしたが、現在《げんざい》はアフリカ、中南米などにも広がっています。

JICAは途上国からの要請《ようせい》の内容《ないよう》を公開し、応募者《おうぼしゃ》を全国から集めます。応募できるのは、日本国籍《こくせき》をもつ20～69歳《さい》の男女です。滞在《たいざい》期間は原則《げんそく》2年で、そのあいだの生活費《せいかつひ》、往復《おうふく》の旅費《りょひ》などは事務局《じむきょく》から支給《しきゅう》されます。選考では、海外協力隊《かいがいきょうりょくたい》にふさわしい人物か、必要な経験《けいけん》や知識《ちしき》・技術《ぎじゅつ》をもっているか、日常《にちじょう》会話ていどの語学力があるか、健康に問題がないか、といったことがチェックされます。とくに重視《じゅうし》されるのは本人の「ほかの国の人たちの役にたちたい」という意欲《いよく》です。

選ばれた人は、派遣前《はけんまえ》に国内の訓練所で約70日間の訓練を受けます。語学を中心に、健康・安全管理の方法、地域活動の実践《じっせん》訓練など、派遣先《はけんさき》で必要な知識や技術を身につけます。英語が得意《とくい》な人も、ネパール語、スワ

ナミビアでの稲作栽培《いなさくさいばい》の普及《ふきゅう》活動の様子。

エジプト・カイロの児童福祉《ふくし》施設《しせつ》で日本の幼児体操《ようじたいそう》をとりいれました。

青年海外協力隊事務局長《せいねんかいがいきょうりょくたいじむきょくちょう》の小林広幸《こばやしひろゆき》さんに聞きました

© JICA

国の事業であるJICA海外協力隊《ジャイカかいがいきょうりょくたい》には、これまでに5万人以上の人びとが参加しました。協力隊員は現地《げんち》の人びととといっしょに生活し、仕事をして、いろいろな問題の解決《かいけつ》にとりくみます。ごみをへらす方法を考えたり、地元の手づくり品の売りあげをのばす方法を考えたり、日本での経験《けいけん》や知識《ちしき》が生かされます。2年の間には多くの友人ができ、ちがう国の人と協力する楽しさに気づきます。楽しさは帰国後もつづき、世界の平和をつくる力になります。

ヒリ語など、現地《げんち》の言語を一から学びます。

現地《げんち》の人とくらし、同じ目線で活動

派遣先《はけんさき》では、一般《いっぱん》家庭にホームステイして、その家の家族と生活をともにしながら、現地《げんち》の人びとと同じ目線で課題解決《かいけつ》にとりくみます。はじめの半年くらいで状況《じょうきょう》を調査《ちょうさ》し、地元の人たちと関係をつくりながら、課題解決のための計画をつくりあげます。残りの1年半はその計画を地元の人びととともに実施《じっし》します。派遣期間中は滞在国《たいざいこく》のJICA《ジャイカ》事務所《じむしょ》の企《き》画調査員《かくちょうさいん》や健康管理員と定期的に連絡《れんらく》をとり、活動や安全面でのアドバイスを受けることができます。

協力隊員は現地の人に喜《よろこ》んでもらえることで、大きなやりがいを感じることができます。しかし、それだけではほんとうの成功とはいえません。帰国したあとも現地の人びとの手で活動がつづけられ、その地域《ちいき》に根づくことが理想です。

派遣期間が終わった協力隊員は、日本へ帰国します。休学・休職《きゅうしょく》して活動に参加した人は学校や職場《しょくば》にもどりますが、派遣のために退職《たいしょく》している人も多いので、JICAでは帰国者向けの進路相談や職業紹介《しょくぎょうしょうかい》も行っています。海外協力隊《かいがいきょうりょくたい》の活動では、コミュニケーション能力《のうりょく》や課題解決力がきたえられるため、企業などによる協力隊経験者《けいけんしゃ》たちの評価《ひょうか》は高いです。

コロナ禍《か》には、一時帰国中の隊員がリモートで日本から指導《しどう》するなど、新しいとりくみもありました。しかし、文化や言語のことなる人どうしがたがいを理解《りかい》し、ともに課題にとりくむには、直接《ちょくせつ》ふれあうことが大切です。途上国《とじょうこく》に必要な援助《えんじょ》はまだ多く、日本政府《せいふ》は、今後も長く海外協力隊の派遣をつづけていくと予想されます。

JICA《ジャイカ》海外協力隊《かいがいきょうりょくたい》OBの声

平田尚晃《ひらたなおあき》さん（食用作物・稲作栽培《いなさくさいばい》）

高校時代から農業で国際貢献《こくさいこうけん》することにあこがれていました。大学では栽培学《さいばいがく》を専攻《せんこう》し、卒業後に参加した海外協力隊《かいがいきょうりょくたい》では、ナミビア共和国のナミビア大学オゴンゴキャンパスで、稲作栽培《いなさくさいばい》の普及《ふきゅう》活動とモデル農地の管理・運営《うんえい》を担当《たんとう》しました。現在《げんざい》は農業教育事業の会社ではたらいています。ナミビアでの経験《けいけん》や人脈《じんみゃく》の広がりは糧《かて》となり、海外の学校の農業教育カリキュラム開発にも生かされています。

JICA《ジャイカ》海外協力隊《かいがいきょうりょくたい》OGの声

渡辺《わたなべ》 杏《あん》さん（青少年活動）

中東の難民《なんみん》の子どもたちや都市貧困《ひんこん》に興味《きょうみ》があり、エジプトでの活動に応募《おうぼ》しました。1年めは首都カイロのコミュニティースクール、2年めは乳児《にゅうじ》院《いん》と児童養護施設《ようごしせつ》の機能《きのう》をもつ施設で活動し、予想外のことが次つぎ起こるなか、自分とはちがう価値《かち》観《かん》の人と協調する経験《けいけん》を重ねました。活動外の時間には難民コミュニティーに通い、難民のご家族から、ニュースや二次情報《じょうほう》だけではなく、自分の経験をもとに判断《はんだん》し行動する大切さを学びました。

JICA《ジャイカ》海外協力隊《かいがいきょうりょくたい》が行う活動

JICA《ジャイカ》海外協力隊《かいがいきょうりょくたい》には、190以上の職種《しょくしゅ》があり、以下の9つの分野に分けられています。

計画・行政《ぎょうせい》

国や地域《ちいき》づくりにかかわる仕事。行政《ぎょうせい》サービスや災害対策《さいがいたいさく》のしくみをつくったり、統計《とうけい》や分析《ぶんせき》の手法を教えたりする。

©今村健志朗 /JICA

農林水産

食べものや自然にかかわる仕事。野菜づくり・稲作《いなさく》、家畜飼育《かちくしいく》のほか、水産開発の技術指導《ぎじゅつしどう》をする。 © JICA

鉱工業《こうこうぎょう》

ものづくりにかかわる仕事。自動車の整《せい》備《び》のしかたを教えたり、木工品づくりや、食品加工の方法を教えたりする。

©船尾修 /JICA

人的資源《しげん》

幼児《ようじ》教育や青少年のための活動を企画《きかく》したり、語学やスポーツなど特定の分野の指導者《しどうしゃ》として活動したりする。 © JICA

保健《ほけん》・医療《いりょう》

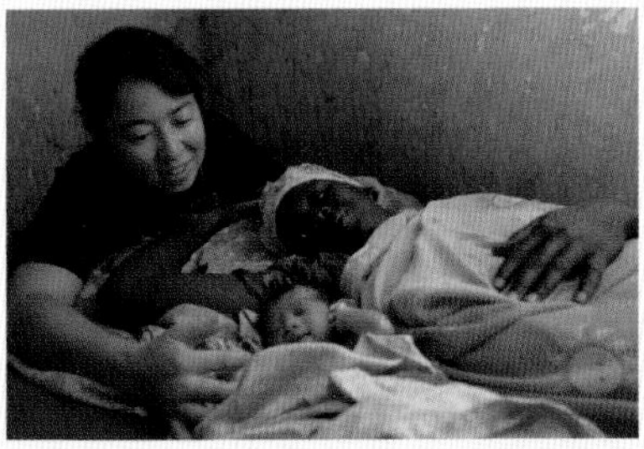

命によりそう仕事。看護師《かんごし》や助産師《じょさんし》の資《し》格《かく》をもって住民をケアしたり、感染症《かんせんしょう》やエイズの対策《たいさく》を指導《しどう》したりする。

©今村健志朗 /JICA

社会福祉《ふくし》

福祉《ふくし》にかかわる仕事。障《しょう》がいのある人を支援《しえん》したり、高齢者《こうれいしゃ》の介護《かいご》をしたりするほか、その支援の方法を教えたりする。

©渋谷敦志 /JICA

商業・観光

経営《けいえい》・マーケティングにかかわる仕事。農産物や名産品の販路《はんろ》を開拓《かいたく》したり、地《ち》域《いき》おこしのための支援《しえん》をしたりする。

© Fernando Xavier Cuellar Otero/JICA

公共・公益《こうえき》事業

生活サービスにかかわる仕事。土木技術《ぎじゅつ》の指導《しどう》や、水質検査《すいしつけんさ》、ごみ問題の改善《かいぜん》にとりくむ。 ©久野真一 /JICA

エネルギー

エネルギーにかかわる仕事。再生可能《さいせいかのう》エネルギーや省エネルギー開発の支援《しえん》をしたり、技術《ぎじゅつ》を提供《ていきょう》したりする。

©今村健志朗 /JICA

水源確保《すいげんかくほ》ボランティア

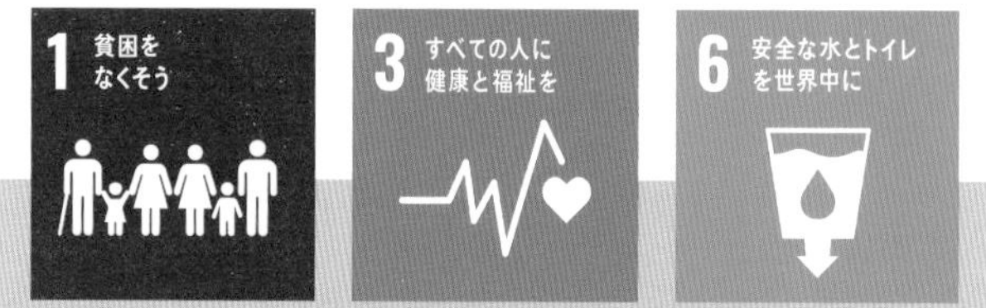

中村哲医師《なかむらてついし》の活動をささえ、アフガニスタンへの志《こころざし》を受けつぐ

ペシャワール会《かい》

ペシャワール会《かい》は、医師《いし》の中村哲《なかむらてつ》さんの活動をささえることを目的に結成された国際《こくさい》NGOです。中村医師はパキスタンとアフガニスタンで医療活動を行い、アフガニスタンの大干《だいかん》ばつから人びとをまもるため、灌漑《かんがい》事業（用水路づくり）にも力を注ぎました。2019年、中村医師が凶弾《きょうだん》にたおれたあと、残された事業は地元の人びととペシャワール会が受けついでいます。

中村哲医師《なかむらてついし》の活動を支援《しえん》

中村哲医師《なかむらてついし》は、はじめ精神科医《せいしんかい》、神経内科医《しんけいないかい》として地元九州の病院ではたらいていましたが、1983年、キリスト教系医療支援団体《きょうけいいりょうしえんだんたい》からの依頼《いらい》を受け、パキスタンのペシャワールにある病院ではたらくことを決めました。決断《けつだん》の決め手になったのは、以前、福岡の登山会のパキスタン遠征《えんせい》に医師として同行した際《さい》に出会った、医療が受けられないまずしい人びとのすがたです。中村医師の壮行会《そうこうかい》に集まった友人たちがメンバーとなり、ペシャワール会《かい》は結成されました。

中村医師がペシャワールでとくに力を注いだのが、ハンセン病の治療《ちりょう》です。ハンセン病は「らい菌《きん》」により皮ふや神経《しんけい》がおかされる病気で、現在《げんざい》は治療可能《かのう》ですが、昔は不治の感染症《かんせんしょう》でした。パキスタンでは当時約２万人ものハンセン病患者《かんじゃ》がいましたが、病気への偏見《へんけん》から、医師も医療物資《ぶっし》も極端《きょくたん》に不足していました。ペシャワール会は募金《ぼきん》を集め、治療に必要なものを日本から送りました。また

団体《だんたい》データ

団体名称《だんたいめいしょう》	ペシャワール会《かい》
設立《せつりつ》	1983年
所在地《しょざいち》	福岡県福岡市中央区春吉《ふくおかしちゅうおうくはるよし》1-16-8 VEGA天神南《てんじんみなみ》601号《ごう》
電話《でんわ》	092-731-2372
ファクス	092-731-2373
メール	peshawar@kkh.biglobe.ne.jp
ホームページ	http://www.peshawar-pms.com/

1986年撮影《さつえい》のアフガニスタン難《なん》民《みん》の診療《しんりょう》をする中村哲医師《なかむらてついし》（写真中央）。現地《げんち》の人びとの習慣《しゅうかん》を尊《そん》重《ちょう》し、ベールをとることを強要しませんでした。

現地《げんち》の女性《じょせい》は宗教上《しゅうきょうじょう》、家族以外の男性《だんせい》に肌《はだ》を見せないため、1988年、女性看護師《かんごし》をはじめて現地に送りだしました。

当時のペシャワールには、アフガニスタン紛争からのがれた難民《なんみん》が多く住んでいました。1986年、中村医師は、JAMS（ジャパン・アフガン・メディカル・サービス）という難民支援《しえん》のための団体《だんたい》を設立《せつりつ》し、難民キャンプ（難民や国内避難民《ひなんみん》の滞在施設《たいざいしせつ》）での医療活動を開始しました。また、アフガニスタン国境《こっきょう》の山村には医療施設《しせつ》がなく、ハンセン病だけでなくほかの感染症《かんせんしょう》患者も多いことを知り、その地域《ちいき》に診《しん》療所《りょうじょ》をつくろうと決意しました。やがてアフガニスタン紛争の状況《じょうきょう》は大きく変わり、政治的混乱《せいじてきこんらん》がつづきましたが、中村医師は慎重《しんちょう》に計画を進め、1990年代前半にアフガニスタンとパキスタンにかけて合計6か所の山村診療所を開き、現地スタッフとともに診療を行いました。

1994年、キリスト教系の病院をやめて、独自《どくじ》の活動に専念《せんねん》するようになった中村医師は、現地での活動団体、PMS（現在のピースジャパン・メディカル・サービス／平和医療団日本）を立ちあげ、1998年ペシャワールにPMS病院を設立しました。JAMSはPMS病院に吸収《きゅうしゅう》され、病院の医師が交代で診療所に行くようになりました。ペシャワール会はこのPMSの活動を支援するために、日本側で広報《こうほう》や寄付金《きふきん》集めなどをになっています。

NGO

平和や人権《じんけん》、環境《かんきょう》問題などに関する活動をしている非営利《ひえいり》の民間組織《そしき》。非政府《ひせいふ》組織ともいう。

命をすくうために 井戸・用水路をつくる

2000年、アフガニスタンは大干《だいかん》ばつに見舞《みま》われます。食糧《しょくりょう》生産は例年の半分以下となり、飢《う》えと水不足による病気が国中に広がりました。「薬で飢えとかわきはなおせない」とさとったPMSは井戸をほる事業をはじめます。日本からもペシャワール会《かい》を通し、ボランティアが参加し、現地《げんち》の人とともに作業をしました。その結果、2008年までに約1600本の井戸がほられ、多くの命がすくわれました。

PMS支援室長《しえんしつちょう》の 藤田千代子《ふじたちよこ》さんに聞きました

中村《なかむら》先生の講演《こうえん》で女性《じょせい》スタッフが必要と聞き、1990年看護師《かんごし》として現地《げんち》に行きました。治安悪化で帰国した2009年以後は日本からPMSを支援《しえん》しています。中村先生は現地の言語でこまっている人から直接《ちょくせつ》話を聞くことを重視《じゅうし》し、日本人スタッフには「現地の人の習慣《しゅうかん》を尊重《そんちょう》し、自分のものさしで『おくれている』『おとっている』と判断《はんだん》してはいけない」と何度も注意していました。人間の生命を最優先《さいゆうせん》で考え、行動していた中村先生の精《せい》神《しん》を、わたしたちは今後も受けついでいきます。

飢餓《きが》がつづく 2001 年、大事件《だいじけん》が発生します。当時、アフガニスタンを支配《しはい》していたタリバン政権《せいけん》がかくまっていたといわれる、テロ組織《そしき》アルカイダがアメリカで同時多発テロ「9・11 事件《じけん》」を起こしたのです。アメリカがアフガニスタンに対して報復《ほうふく》を宣言《せんげん》しましたが、緊急《きんきゅう》帰国した中村医師《なかむらいし》は日本の国会や人びとに「アフガニスタンに必要なのは爆弾《ばくだん》ではなくパンだ」とうったえました。すると日本中からペシャワール会《かい》に寄付《きふ》がよせられ、飢《う》えと空爆《くうばく》の危険《きけん》にさらされている約 27 万の人たちに食糧《しょくりょう》をとどけることができました。

報復攻撃《こうげき》に当時のタリバン政権は敗れ、2002 年アフガニスタンに新政権が発足しますが、その後もきびしい干《かん》ばつと内戦で市民の苦境《くきょう》はつづきます。中村医師は農村の回復《かいふく》こそがアフガニスタン復興《ふっこう》の基礎《きそ》と考え、アフガニスタン東部での農業・農村復興事業「緑の大地計画」を発表しました。その要になったのは用水路づくりです。中村医師は、何かあっても地元の人が自分たちの手で修復《しゅうふく》できる用水路にしようと、みずから日本の明治以前の用水路の技術《ぎじゅつ》を研究しました。政治的《せいじてき》な混乱《こんらん》や内戦がつづくなか、用水路建設《けんせつ》は困難《こんなん》なときもありましたが、中村医師は何が起きてもあきらめず、2009 年には約 25 キロメートルの用水路に水を通すことに成功します。その後 10 か所の堰《せき》*をつくり、用水路を整備《せいび》し、1 万 6500 ヘクタールが水の使える農地となり、65 万人が自給自足で生活できるようになりました。

PMS はアフガニスタンで医療《いりょう》だけでなく、灌漑《かんがい》事業（用水路づくり）、試験農場での農業事業を手がける団体《だんたい》となり、日本のペシャワール会は、そのすべてを支援《しえん》するようになりました。PMS の拠点《きょてん》は、2009 年治安の悪化したペシャワールからアフガニスタンのジャララバードに移転《いてん》しましたが、日本では、ペシャワール会の名前はそのまま残されました。

スタッフの声

山下隼人《やましたはやと》さん

就職《しゅうしょく》活動中に中村《なかむら》先生の講演《こうえん》に行きました。「どういう人とはたらきたいですか」という来場者からの質問《しつもん》に、先生は「職場《しょくば》を明るくする元気な人がいいですね」と答えていました。「それでいいなら」と思い応募《おうぼ》しました。2019 年に入職《にゅうしょく》し、現在《げんざい》は農業部門と会計を担当《たんとう》しています。現地《げんち》担当者とアフガニスタンのことばパシュトゥ語と、英語でやりとりしています。パシュトゥ語は中村先生がつくったテキストで勉強中です。日び変化がある仕事で、自分の世界がどんどん広がっていくように感じています。

中村医師《なかむらいし》は福岡県朝倉市《あさくらし》に残る、江戸《えど》時代の干《かん》ばつ対策《たいさく》でつくられた「山田堰《やまだぜき》」をアフガニスタンの取水堰《しゅすいせき》と用水路づくりの参考にしました。

＊水をほかのところへ引いたり、流量を調節したりするために川の水をせきとめる構造物《こうぞうぶつ》。

干《かん》ばつで砂漠化《さばくか》した農地（写真左）が、用水路によって緑地にもどりました（写真右）。

現地《げんち》で受けつがれる中村医師《なかむらいし》の思い

中村医師《なかむらいし》は2019年12月4日武装集団《ぶそうしゅうだん》の銃撃《じゅうげき》により、73歳《さい》で帰らぬ人となりました。アフガニスタン市民のために身《み》を粉《こ》にして活動していた中村医師の死は、アフガニスタンの人びとにも衝撃《しょうげき》をあたえました。大きな悲しみのなか、ペシャワール会《かい》とPMSは中村医師の志《こころざし》を受けつぎ、これまでどおり活動をつづけることを決めました。

2020年、アメリカなどによる多国籍軍《たこくせきぐん》が撤退《てったい》を表明し、2021年8月、ふたたびタリバンが政権《せいけん》を掌握《しょうあく》しました。しかし、かつて人権侵害《じんけんしんがい》を行ったタリバンに対して国際《こくさい》社会は反対し、援助《えんじょ》を中断《ちゅうだん》します。

そのいっぽうアフガニスタンは2000年からの干《かん》ばつで、1千万人以上に餓死《がし》の危険《きけん》がせまっていました。PMSはタリバンからの攻《こう》撃《げき》はないと判断《はんだん》し、活動を再開《さいかい》するとともに、ペシャワール会は中村医師が確立した用水路のつくりかたをガイドラインにまとめました。タリバン新政府《しんせいふ》は、干ばつのつづくアフガニスタン各地で、このガイドラインを参考にアフガニスタンの人たちが用水路づくりにとりくむことを願っています。

中村医師の命を大切にする願いは、政治《せいじ》や宗教《しゅうきょう》をこえて国の未来を動かそうとしています。ペシャワール会は今後最低20年は活動をつづけることが必要と考え、若《わか》いスタッフやボランティアを積極的に受けいれています。

ボランティアの声

藤野洋子《ふじのようこ》さん

約30年前からペシャワール会《かい》のお手伝《てつだ》いをしています。初期は毎週水曜夜に有志《ゆうし》10名ほどが集まり、会合や会報《かいほう》発送の作業をしていました。中村《なかむら》先生の活動範囲《はんい》が広がるとともに会も大きくなり、わたしも2000年から2003年にかけて仕事が休みのときなどは、会計指導《しどう》のため現地《げんち》に行きました。中村先生はふだんおだやかですが、現地の人にいうべきことはいい、約束はまもるという強さがありました。先生のためにもペシャワール会が長くつづいてほしいと思います。

第2章

人道支援《しえん》を行う

「人道支援《しえん》」って
ニュースとかで聞くけど
どんな活動の
ことなのかな？

紛争《ふんそう》や災害《さいがい》の被害者《ひがいしゃ》、つまり
危機的《ききてき》な状況《じょうきょう》にある人びとの
生命や尊厳《そんげん》をまもる
活動だよ。

人道支援《しえん》とは

紛争《ふんそう》の被害者《ひがいしゃ》や自然災害《さいがい》の被災者《ひさいしゃ》の生命、尊厳《そんげん》、安全を確保《かくほ》するために行われる支援《しえん》を人道支援といいます。その内容《ないよう》は、紛争地や難民《なんみん》キャンプでの援《えん》助物資《じょぶっし》の配布《はいふ》や、災害地での医療提供《いりょうていきょう》などです。

人道支援には国際的《こくさいてき》に４つの原則《げんそく》が定められています。それは①どんな状況《じょうきょう》でも一人《ひとり》一人の尊厳と生命を尊重《そんちょう》する「人道原則」、②人種や国籍《こくせき》、身分など関係なくもっとも急を要する人からすくう「公平原則」、③どの勢力《せいりょく》の味方にもならない「中立原則」、④政治《せいじ》や軍事的立場に左右されず自主性《じしゅせい》をたもつ「独立《どくりつ》原則」です。戦争中もこの原則にのっとって、敵《てき》も味方も関係なく病人や負傷者《ふしょうしゃ》は保護《ほご》されなければなりません。

この本では子どもたちや女性《じょせい》たちの生命や健康をまもる活動も人道支援の仲間とみなし、この章で紹介《しょうかい》します。

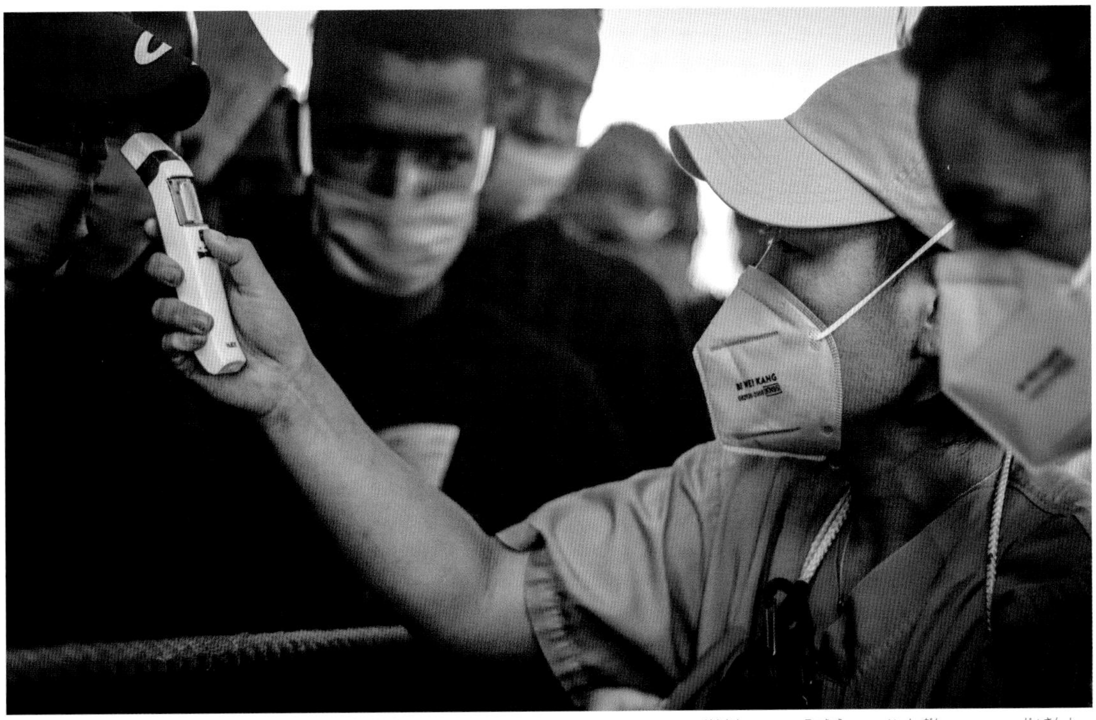

地中海での難民救助《なんみんきゅうじょ》を行う救助船に乗り、救助者の検温《けんおん》をする国境《こっきょう》なき医師団《いしだん》の日本人助産師《じょさんし》。

© MSF/Hannah Wallace Bowman

医療支援《いりょうしえん》ボランティア

国や宗教《しゅうきょう》で区別することなく、医療《いりょう》を提供《ていきょう》し、状況《じょうきょう》の証言者《しょうげんしゃ》となる

国境《こっきょう》なき医師団日本《いしだんにほん》

人間の生命は国や人種、民族に関係なく等しく尊重《そんちょう》されるべきだと国際《こくさい》社会はみとめていますが、じっさいには敵対する国には援助《えんじょ》しないなどの矛盾《むじゅん》があります。国境《こっきょう》なき医師団《いしだん》はどんな人も必要な医療《いりょう》を受ける権利《けんり》はあるという理念から、独立《どくりつ》した中立的な立場で医療の必要な人たちを助けています。

医療《いりょう》と証言《しょうげん》活動を２本の柱に

国境《こっきょう》なき医師団《いしだん》（以下略称《りゃくしょう》、MSF）は、国という境界《きょうかい》にとらわれず、独立《どくりつ》・中立・公平な立場で医療《いりょう》・人道援助《えんじょ》活動を行う民間の国際団体《こくさいだんたい》です。1971年、フランスの医師《いし》とジャーナリストからなるグループによって創設《そうせつ》されました。1968～1970年、彼《かれ》らはナイジェリア内戦中のビアフラで赤十字の医療支援《しえん》活動をしたのですが、現地《げんち》の状況《じょうきょう》がほとんど国際社会に伝えられないことに憤《いきどお》りを感じました。そして、緊急《きんきゅう》の医療援助活動とともに現地で起きている人道危機《きき》を証言《しょうげん》する活動をするべきだと考えました。

その後、カンボジアのポルポト政権下《せいけんか》で大規模《だいきぼ》な医療救助や、内戦下のレバノンでの活動により、MSFの存在《そんざい》は世界に知られるようになりました。1980年代には欧州《おうしゅう》各国に広がり、1992年にはMSF日本《にほん》が設立《せつりつ》されました。現在《げんざい》は世界38か所に事務局《じむきょく》があります。組織《そしき》としての大きな特徴《とくちょう》は、どの国においても政府《せいふ》や公的機関などから独立した、完全な民間団体

団体《だんたい》データ

団体名称《だんたいめいしょう》	認定《にんてい》NPO法人《ほうじん》 国境《こっきょう》なき医師団日本《いしだんにほん》
設立《せつりつ》	1992年（日本事務局発足《じむきょくほっそく》）
所在地《しょざいち》	東京都新宿区《しんじゅくく》馬場下町《ばばしたちょう》1-1 FORECAST 早稲田《わせだ》 FIRST 3階《かい》
メール	office@tokyo.msf.org
ホームページ	https://www.msf.or.jp/

であることです。各国政府の方針《ほうしん》にかかわらず、MSFが医療を必要と判断《はんだん》した場所で活動します。そのため活動資金《しきん》の97パーセントは民間からの支援《しえん》で、その9割《わり》以上は個人《こじん》からの寄《き》付《ふ》がしめています。世界の人びとの人道的精神《せいしん》によってささえられている組織といえます。

災害地《さいがいち》や紛争地《ふんそうち》などへ迅速《じんそく》に医師らを派遣《はけん》し、ほかの援助機関が活動していない場所で医療活動を行い、設立の際《さい》にめざしたとおり、現地の危機的《ききてき》状況を世界に伝える役割《やくわり》も果たしています。そうした実績《じっせき》が評価《ひょうか》され、MSFは1999年、ノーベル平和賞《へいわしょう》を受賞《じゅしょう》しました。

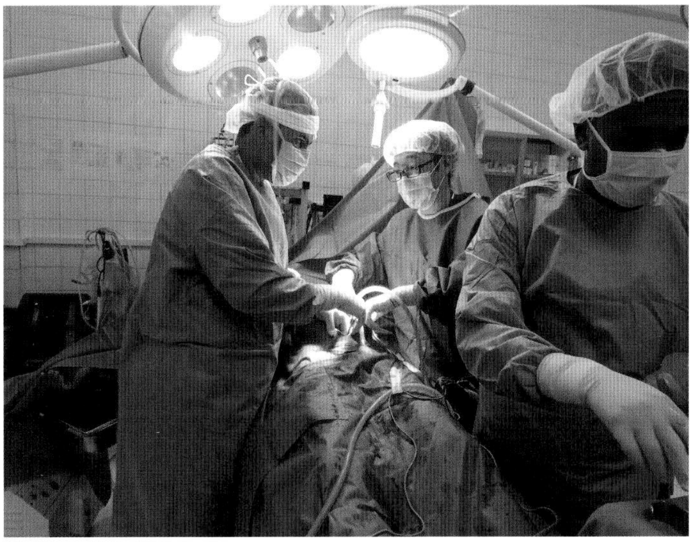

紛争地《ふんそうち》で外科医《げかい》としてはたらく関聡《せきさと》志《し》さん（写真中央）。治安の悪化や空《くう》爆《ばく》により、医療施設《いりょうしせつ》が危険《きけん》にさらされることもあります。 © MSF

多国籍《たこくせき》チームではたらける語学力と協調性《きょうちょうせい》が必要

MSFは独自《どくじ》の調査《ちょうさ》をもとに医療《いりょう》や人道援助《えんじょ》のプロジェクトを立ちあげます。対象《たいしょう》となるのはおもに、①紛争《ふんそう》、②難民《なんみん》・国内避難民《ひなんみん》、③自然災《さい》害《がい》、④栄養失調、⑤顧《かえり》みられない熱帯病（デング熱など）と三大感染症《かんせんしょう》(マラリア、エイズ、結核《けっかく》)、⑥病院・薬がない地域《ちいき》への援助です。大規《だいき》模《ぼ》災害など、緊急事態《きんきゅうじたい》発生後は2日《ふつか》以内に調査チームを現地《げんち》へ派遣《はけん》します。また、必要なときに支援物資《しえんぶっし》が送れるよう、世界5か所の物流拠点《きょてん》に通関ずみの援助《えんじょ》物資を保管《ほかん》し、いつでも送りだせるようにしています。

1年間に実施されるプロジェクトの数は、近年では世界約90か国で400以上におよびます。プロジェクトの計画と運営《うんえい》を担当《たんとう》する事務局《じむきょく》は世界に6か所あり、そこでプロジェクトの実施が決まると、世界中の事務局を通し、プロジェクトの目的や条件《じょうけん》に合った医療《いりょう》系《けい》の人材と、医療以外の仕事をする人材を集めます。

医療系人材とは、医師《いし》、看護師《かんごし》、助産師《じょさんし》、

事務局長《じむきょくちょう》の村田慎二郎《むらたしんじろう》さんに聞きました

© MSF

国際《こくさい》人道法では戦争中も傷病者《しょうびょうしゃ》を差別なく保護《ほご》することを義務《ぎむ》とします。ところが「テロとのたたかい」の名のもと紛争《ふんそう》地《ち》では医療施設《いりょうしせつ》に対する攻撃《こうげき》や一般《いっぱん》市民への援助《えんじょ》活動の制限《せいげん》がなされ、すくえるはずの命がすくえなくなっています。これらの行為《こうい》が、国際人道法をまもる責任《せきにん》がある政府《せいふ》により行われているのは問題です。若《わか》い世代もMSFがかかげる「独立《どくりつ》・中立・公平」の人道主義を大切にするよう、わたしたちとともに世界にはたらきかける力になってくれることを願います。

薬剤師《やくざいし》などです。紛争地《ふんそうち》や被災地《ひさいち》では、かぎられた条件のなかで多くの患者《かんじゃ》の治療《ちりょう》にあたることから、専門《せんもん》分野以外の病気や症状《しょうじょう》にも対応《たいおう》できる知識《ちしき》と経験《けいけん》をもつ人材がもとめられます。MSFによって行われる医療処置《しょち》の件数《けんすう》は、2020年では外科手術《げかしゅじゅつ》11万7600件《けん》、分娩介助《ぶんべんかいじょ》30万6800件、はしかの予防接種は100万8500件におよびます。

医療以外の仕事はおもに「アドミニストレーター」「ロジスティシャン」に分けられます。アドミニストレーターの仕事はお金の管理と人事です。ロジスティシャンは安全管理、医療や生活に必要な物資の調達と管理など、医療業務《ぎょうむ》やスタッフの生活をささえるはば広い業務を行います。このグループには、車両整備《せいび》、建設《けんせつ》などの専門《せんもん》スタッフもいます。

派遣先《はけんさき》では、スタッフはシェアハウスのような場所で共同生活を送ります。派遣1年めは同じ額《がく》の給料が全員に支給《しきゅう》され、その後は職種《しょくしゅ》やポジションによって変わってきます。派遣の期間はプロジェクトや仕事の内容《ないよう》によってさまざまです。人事側の希望と本人の希望が合えば、期間終了後《しゅうりょうご》に休養期間をへて、さらに別のプロジェクトへの派遣も可能《かのう》です。派遣の経験《けいけん》を重ねてプロジェクトを監督《かんとく》する仕事や、人材を派遣する仕事につく人もいます。

新しい感染症《かんせんしょう》や難民《なんみん》問題に向きあう

日本からMSFのスタッフとして派遣《はけん》されるには、まずMSF日本《にほん》での書類選考と面接《めんせつ》に合格《ごうかく》し、スタッフとして登録される必要があります。登録がすみ派遣される前には研修《けんしゅう》を受け、MSFの仕事の進めかたや、身の安全をまもる方法などを学

海外派遣《はけん》スタッフの声

関《せき》 聡志《さとし》さん

© MSF

子どものころから、医師《いし》になってMSFに参加することが夢《ゆめ》でした。救急医《きゅうきゅうい》、外科医《げかい》として経験《けいけん》を重ね、整形外科、産婦人科《さんふじんか》の研修《けんしゅう》を受け、医療援助《いりょうえんじょ》活動に参加しました。おもに南スーダン、シリア、イエメンなどの紛争地《ふんそうち》で外科医として治療《ちりょう》を行っています。紛争地は遠い世界のように感じていましたが、じっさいはふつうに人びとが日常《にちじょう》を送っています。かぎられた物資《ぶっし》や薬をどう使えばより多くの患者《かんじゃ》さんを助けられるか、チームの仲間と考えながら治療を行っています。

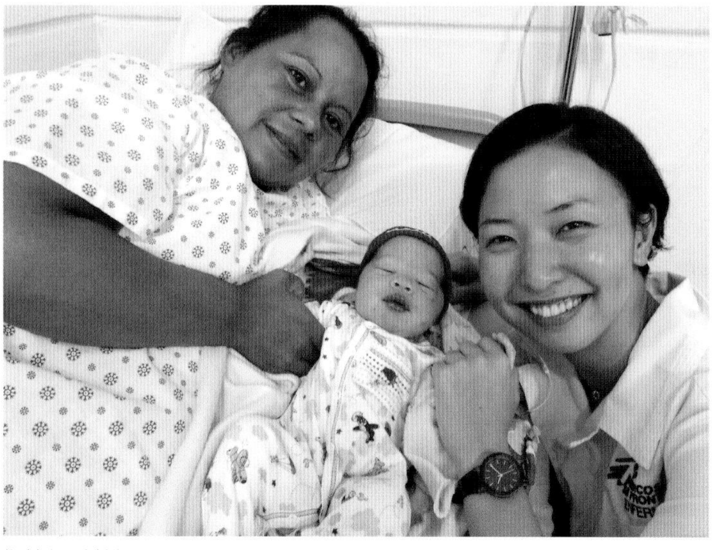

助産師《じょさんし》は妊娠《にんしん》と出産にたずさわるほか、プロジェクトによっては性暴力被害者《せいぼうりょくひがいしゃ》のケアや、望まない妊娠をした女性《じょせい》のケアなども行います。　© MSF

びます。2020年は、30の国と地域《ちいき》に75人が日本から派遣されています。

MSFではたらくには、事務局《じむきょく》スタッフになる方法もあります。MSF日本の場合、約80人のスタッフで採用《さいよう》・派遣、広報《こうほう》、研究開発、資金《しきん》調達などを行っています。コロナ禍《か》などがなければ、イベントの運営《うんえい》などにボランティアとして参加することもできます。

2021年、MSFは発足《ほっそく》から50年をむかえました。このあいだに人びとの生活環境《かんきょう》は著《いちじる》しく進化しましたが、戦争や内乱《ないらん》が起これば市民が犠牲《ぎせい》になることは変わらず、紛争《ふんそう》や迫害《はくがい》で自宅《じたく》を追われた避難民《ひなんみん》や、自分の国をはなれた人の数が、2020年は過去《かこ》最高の8240万人となりました。新しい感染症《かんせんしょう》もくりかえし出現《しゅつげん》し、弱い立場の人たちはさらに苦境《くきょう》に立たされています。しかし、先進国のメディアは遠い国のできごとに関心がうすく、悲惨《ひさん》な状況《じょうきょう》が報道《ほうどう》されにくい傾向《けいこう》は、変わりません。MSFの医療《いりょう》活動と証言《しょうげん》活動は、これからも命の危険《きけん》にさらされている人びとと、世界の人びとの善意《ぜんい》とをつなぐ役割《やくわり》をになっていくことでしょう。

海外派遣《はけん》スタッフの声

國吉《くによし》悠貴《ゆさ》さん

© MSF

助産師《じょさんし》として南スーダンとホンジュラスで、現地《げんち》の産科スタッフをまとめる役職《やくしょく》をつとめました。日本での産科の仕事とのいちばんのちがいは、助けられるのに助けられない命があることです。妊婦健診《にんぷけんしん》や保健指導《ほけんしどう》が広まれば助けられる命はふえると考え、ほかのNGOや国連機関と連《れん》携《けい》し、ヘルスプロモーション活動に力を入れました。現在《げんざい》は産休中ですが、将来《しょうらい》はまた海外ではたらき、さまざまな状況《じょうきょう》の女性《じょせい》たちによりそえる助産師になりたいと思います。

船で物資《ぶっし》を運ぶ様子。交通の困難《こんなん》な場所や病院のない場所での治療《ちりょう》も多く、無事に物資をとどける仕事や、治療施設《ちりょうしせつ》を建てる仕事も重要です。 © Diego Baravelli

女性《じょせい》の健康支援《しえん》ボランティア

世界の女性《じょせい》の健康と自分らしい生きかたを支援《しえん》

ジョイセフ

アジアやアフリカで安全な妊娠《にんしん》・出産を支援《しえん》するなど、女性《じょせい》の生命と健康をまもることを目的に国内外で活動しているNGOです。基本的《きほんてき》な人権《じんけん》である「性《せい》と生殖《せいしょく》に関する健康と権利《けんり》（セクシュアル・リプロダクティブ・ヘルス／ライツ、略称《りゃくしょう》SRHR)」を広める活動に力を注ぎ、女性たちが健康的に人生を楽しむ未来をめざしています。

日本の経験《けいけん》を世界に

現在《げんざい》も世界には妊娠《にんしん》や出産を原因《げんいん》に命を落とす女性《じょせい》が、1日あたり800人以上います*。貧困《ひんこん》な地域《ちいき》の女性の多くが、医療《いりょう》や保健《ほけん》サービスを受けられないため、妊娠中《にんしんちゅう》に感染症《かんせんしょう》にかかり、重症化《じゅうしょうか》してなくなるなど、すくえたはずの命が失われています。また、若《わか》すぎる女性の妊娠も問題の一つです。18歳《さい》未満での結婚《けっこん》を「児童婚《じどうこん》」といい、その年代は身体が女性としてじゅうぶんに成長していないため、妊娠や出産のリスクが高まります。ところが女性の権利《けんり》がじゅうぶんにみとめられていない国や地域では、いまもなお、親や親せきによって結婚させられる少女があとを絶《た》ちません。

かつて日本にも、妊娠・出産でなくなる女性がたくさんいましたが、とくに第二次世界大戦後は予防《よぼう》医学や母子保健《ほけん》の普及《ふきゅう》によって、妊娠・出産が安全になりました。そしてその過程《かてい》で、より幸せな人生・家庭をきずくためには、いつ、どのくらいの時間をあけて、

団体《だんたい》データ

団《だん》体《たい》名《めい》称《しょう》	公益財団法人《こうえきざいだんほうじん》 ジョイセフ
設《せつ》立《りつ》	1968年
所《しょ》在《ざい》地《ち》	東京都新宿区市谷田町《しんじゅくくいちがやたまち》1-10 保健会館新館《ほけんかいかんしんかん》
電《でん》話《わ》	03-3268-5875
ファクス	03-3235-9776
メール	info@joicfp.or.jp
ホームページ	http://www.joicfp.or.jp

＊国連機関発表の「妊産婦死亡《にんさんぷしぼう》の動向2000-2017」による。

何人の子どもを産みたいか、女性自身が妊娠や出産の回数や時期をコントロールする「家族計画」の考えが広まり、女性の健康に対する意識《いしき》に変化が起きました。

1960年代、日本の経済《けいざい》成長とともに、この家族計画運動の成功や、母子保健の向上に世界の注目が集まります。「日本の経験《けいけん》を開発途上国《かいはつとじょうこく》に広めてほしい」という声に、社会運動家の國井長次郎《くにいちょうじろう》が中心となって家《か》族計画国際協力財団《ぞくけいかくこくさいきょうりょくざいだん》（のちにジョイセフに改称《かいしょう》）が発足《ほっそく》しました。その活動は途上国の住民が主体となって妊娠・出産や、健康について知識を普及できるように進められました。住民主体という考えかたは、いまのジョイセフにも受けつがれています。

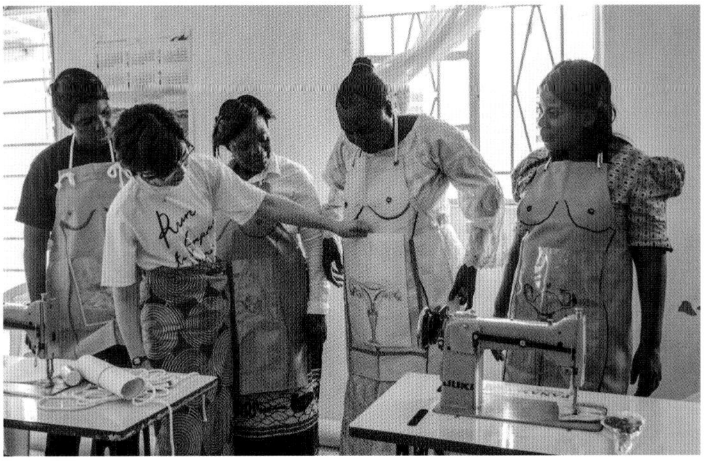

ザンビアでの活動の様子。わかりやすい教材を使って、妊娠《にんしん》と出産のしくみや、妊娠中の注意点を説明しています。

また、ジョイセフは妊娠・出産とは他人ではなく、女性一人《ひとり》一人が選《せん》択《たく》する権利だと設立《せつりつ》当初より考えていました。これは近年世界に広がる「性《せい》と生殖《せいしょく》に関する健康と権利（セクシュアル・リプロダクティブ・ヘルス／ライツ、略称《りゃくしょう》SRHR）」の基本《きほん》となる考えかたでもあります。

SRHRは、①性に関することについて満たされ、社会的にみとめられる「セクシュアル・ヘルス」、②妊娠したい・したくない、産む・産まないに興味がないなどを問わず、満たされ健康にいられる「リプロダクティブ・ヘルス」、③セクシュアリティ（性）を自分で決められる権利「セクシュアル・ライツ」、④産むか産まないか、いつ、何人の子どもをもつか自分で決められる権利「リプロダクティブ・ライツ」の4つのことばからなっています。

母子保健《ほけん》

母子の心身の健康をまもり、未来をになう子どもをすこやかに育てるための医療《いりょう》や保健《ほけん》サービスのこと。現在《げんざい》の日本では「母子健康法」のもと母子健康手帳を用いた健康管理、妊婦健診《にんぷけんしん》、乳幼児《にゅうようじ》健診、予防接種《よぼうせっしゅ》なども行われている。母子健康手帳は日本から世界に広まりつつある。

ボランティア窓口担当《まどぐちたんとう》の佐藤幸子《さとうさちこ》さんに聞きました

友人の紹介《しょうかい》でアルバイトとして入り、長年かかわってきた市民活動の仕事が一《いち》段落《だんらく》した50歳《さい》のとき職員《しょくいん》に。以前は途《と》上国《じょうこく》を手のとどかない世界のように思っていましたが、いまはわたしたちの援助《えんじょ》が一人《ひとり》一人の女《じょ》性《せい》を動かし、変えていることを実感できています。ランドセルを送る活動では現地《げんち》の子どもたちの笑顔《えがお》を見られるのがうれしいです。ランドセルを寄贈《きぞう》した親子から「国際《こくさい》協力に関心をもつようになった」といった声を聞けることにもやりがいを感じます。

住民参加によってSRHRの意識《いしき》を根づかせる

現在《げんざい》のジョイセフは、アジアやアフリカの妊産婦《にんさんぷ》や女性《じょせい》、少女を対象《たいしょう》に活動しています。

ボランティアの声

土元香菜子《つちもとかなこ》さん

わたしは医学部の学生です。以前参加した中村哲医師《なかむらてついし》の講演会《こうえんかい》をきっかけに途上国《とじょうこく》での女性《じょせい》支援《しえん》に関心をもちました。ジョイセフは母子保健《ほけん》分野での支援を目的に活動しているので、夢《ゆめ》の実現《じつげん》への一歩になるのではと考え、2020 年と 2021 年「ホワイトリボンラン鹿児島」の運営《うんえい》に参加しました。活動を通じて途上国の女性や子どもたちの現状《げんじょう》を学ぶことができ、医療《いりょう》支援にたずさわってきた方との出会いもありました。学生のうちに医療援助《えんじょ》の現場《げんば》を見学に行き、次への一歩をふみだしたいです。

現地《げんち》の母子保健《ほけん》サービスをひきいる立場になる人たちに、日本の母子保健推進《すいしん》活動や、産む立場に立ったお産のありかたなどを学ぶために来日してもらいました。

日本全国から使用ずみのランドセルを集め、学用品とともにアフガニスタンの子どもたちにとどけています。

おもな活動分野は、母子保健《ほけん》の向上（妊産婦死亡《しぼう》の削減《さくげん》）、家族計画や HIV（エイズ）などの性感染症《せいかんせんしょう》について思春期の若者《わかもの》への啓発《けいはつ》活動、災害時《さいがいじ》の母子の緊急支援《きんきゅうしえん》などです。

たとえば、住民たちが主体的に活動できるように、住民に健康や妊娠《にんしん》・出産に関する正しい知識《ちしき》・情報《じょうほう》を伝える現地《げんち》ボランティアの育成のほか、助産師《じょさんし》や看護師《かんごし》など母子保健に関するサービスを提供《ていきょう》する人材のレベルアップをはかることなどにとりくんでいます。

開発途上国《とじょうこく》には、望まない妊娠や HIV（エイズ）をふくむ性感染症のリスク、児童婚《じどうこん》や強制婚《きょうせいこん》、人権《じんけん》や健康をおびやかす慣習《かんしゅう》にさらされている少女が少なくありません。そのような状況《じょうきょう》を変えるには、地域《ちいき》のリーダーや、とくに男性《だんせい》への啓発活動、住民全体への積極的なはたらきかけも不可欠《ふかけつ》です。

教育で知識《ちしき》を得《え》て、自分らしく生きる

また、ジョイセフは、途上国《とじょうこく》のまずしい家の少女にランドセルや日本全国から寄付《きふ》された学用品などを送る活動を通して、教育支援《しえん》も行っています。世界には、女性《じょせい》には教育が必要ないと考える古い慣習《かんしゅう》の残る地域《ちいき》もありますが、女性が自分の生きかたを選択《せんたく》し、自分らしく生きていくには、教育を受けて知識《ちしき》を広げることが欠かせません。それは次世代へとつながる投資《とうし》でもあります。寄付された物品の整理や PR 活動などでは、ランドセルを寄付した中学・高校生からおとなまで、多くのボランティアが参加してきました。

創設《そうせつ》当時から世界規模《きぼ》の活動をつづけてきたジョイセフは、世界の NGO のなかでも信頼《しんらい》のあつい女性支援団体《だんたい》の一つとなっています。そのためジョイセフのプ

ロジェクトは、国際《こくさい》機関や日本の政府《せいふ》機関、SDGs《エスディージーズ》をめざす企業《きぎょう》などからの要請《ようせい》で立ちあがることも多く、要請に合わせて現地《げんち》に専門家《せんもんか》を派遣《はけん》します。

人びとの意識《いしき》を変え、未来をつくる

ジョイセフが活動をはじめて50年以上がすぎ、世界では出産でなくなる女性《じょせい》の割合《わりあい》が大はばに減少《げんしょう》しました。しかし、女性の権利《けんり》をじゅうぶん理解していない人は先進国にもまだ少なくありません。そこで近年のジョイセフは国内外でSRHRの啓発《けいはつ》活動にも力を注いでいます。

「国際《こくさい》女性デー」に向けて行われる「ホワイトリボンラン」では、参加者が同じTシャツを着て、日本全国の拠点《きょてん》でランニングを楽しみます。参加費《さんかひ》の一部は途上国《とじょうこく》や地域《ちいき》の支援《しえん》に使われ、気軽に参加できることから若《わか》い世代が海外支援に目を向けるきっかけにもなっています。

そのほかにも企業《きぎょう》と組んでSRHR啓発活動を行うなど、人びとの意《い》識《しき》を変えていこうとしています。政治《せいじ》の世界に対しても、日本政府《せいふ》の第5次男女共同参画基本《きほん》計画の策定《さくてい》に向け、若者《わかもの》たちによる政策提言《せいさくていげん》を行い、注目を集めました。

けれども、今後、開発途上国での妊娠《にんしん》・出産がより安全に行われるようになったとしても、男女格差《かくさ》、貧困層《ひんこんそう》の女性が社会の発展にとりのこされ、貧富《ひんぷ》の格差がますます広がるなどの影響《えいきょう》を受け、SRHRの課題は今後も多く、長く残ることが予想されます。そうならないよう国内外での活動の経験《けいけん》を生かし、すべての女性が自分らしく生きられる未来に貢献《こうけん》することをジョイセフはめざしています。

ボランティアの声

小《お》川《がわ》琳《り》生《お》さん

高校1年生の夏休みにボランティアについて調べる宿題があり、幼児《ようじ》教育の道に進むことを考えていたわたしは、ジョイセフの活動に興味《きょうみ》をもちました。連絡《れんらく》すると、SDGs《エスディージーズ》に関する団体《だんたい》が集まるイベントに参加させてもらうことができ、途上国《とじょうこく》の女性《じょせい》たちの望まない妊娠《にんしん》や不衛生《ふえいせい》な環境《かんきょう》などの問題を知りました。その後もイベントでグッズの販売《はんばい》などをお手《て》伝《つだ》いしています。いまは大学の教育学科にいて、母親支援《しえん》について勉強していきたいと思っています。

2021年のホワイトリボンランは、コロナ禍《か》でありながら全国で2806人が参加し、寄付額《きふがく》は529万2238円に達しました。

貧困《ひんこん》・紛争《ふんそう》・災害下《さいがいか》の子ども支援《しえん》活動

フィリピンで子どもたちの権利《けんり》をまもる

アイキャン

一人《ひとり》の若者《わかもの》がフィリピンでまずしい子どもたちに出会い、「自分でできることが何かあるなら」と考えたことからはじまった団体《だんたい》です。人とのつながりによって活動が広がり、これまで中東のイエメン、アフリカのソマリアとジブチでの支援《しえん》も行ってきました*。また、日本の人びとに国際《こくさい》協力のことを知ってもらう活動にも積極的です。

路上生活をする子どもたちを支援《しえん》したい

フィリピンは近年めざましい経済《けいざい》成長をとげている国です。そのいっぽう、国民の経済格差《かくさ》は大きく、首都マニラの近代的なビル街から少しはなれた場所には、巨大なごみの山とスラム街があります。

1993年、一人《ひとり》の日本人会社員が、NGOが主催《しゅさい》するフィリピンでのスタディツアーに参加しました。スタディツアーとは、現地《げんち》の視察《しさつ》やボランティア活動を体験できる旅行です。路上で生活する子どもたちの様子におどろいた彼《かれ》は「子どもたちのためにできることはないか」と考え、帰国後「5～10万円ていどでできることがあれば協力したい」とツアーでおとずれたすべての施設《しせつ》に手紙を送りました。すると、ある施設のスタッフから「ミンダナオ島で新たに子どもを支援《しえん》する団体《だんたい》を設立《せつりつ》するので、協力してほしい」という返事がきました。そこで、友人にも協力してもらって集めたお金で、その団体を通して奨学金《しょうがくきん》事業をはじめました。会の名前は

団体《だんたい》データ

団《だん》体《たい》名《めい》称《しょう》	認定《にんてい》NPO法人《ほうじん》 アイキャン
設《せつ》立《りつ》	1994年
所《しょ》在《ざい》地《ち》	愛知県名古屋市中《なか》区《く》大《おお》須《す》3丁目《ちょうめ》5-4 矢場町《やばちょう》パークビル9階《かい》
電《でん》話《わ》	052-253-7299
ファクス	052-253-7299
メール	info@ican.or.jp
ホームページ	https://ican.or.jp/

*イエメン、ソマリア、ジブチでの活動は終了《しゅうりょう》しています。

「一人《ひとり》一人自分にできることを」という意味で、英語の「I CAN」から「アイキャン」と名づけました。

アイキャンはインターネットで賛同者《さんどうしゃ》や寄《き》付金《ふきん》を集め、メンバーがフィリピンと日本を行き来するようになりました。そのうちほかのフィリピンの団体ともつながりが広がっていきました。そこで1998年にはマニラと名古屋に事務所《じむしょ》をもうけ、アイキャンとして独《どく》自《じ》に子どもたちの権利《けんり》をまもるための活動を展開《てんかい》していくようになりました。現在《げんざい》では国内外に約20名の職員《しょくいん》がいる、中部地方ではもっとも大きいNGO（→15ページ）となっています。

「子どもの家」の食事風景。食事の作法をはじめ、生活の基本《きほん》を教えます。

自分でできることで支援《しえん》をする

現在《げんざい》、アイキャンのおもな活動はマニラでの支援です。フィリピンには、親がいない、家がまずしいといった理由で、路上生活をする子どもたちが全国で25万人以上います。フィリピン政府《せいふ》は児童養護施設《ようごしせつ》をふやそうとしていますが、まったく足りていません。アイキャンは一人《ひとり》でも多くの子どもを支援しようと、独自《どくじ》に「子どもの家」という施設をつくり、身よりのない子どもや育児放《ほう》棄《き》された子どもたちに、生活の場と自立のための教育を提供《ていきょう》しています。

家族がいながらも路上生活をする子どもたちには、見まもり活動と「路上教育」を行っています。路上教育は路上で読み書き、計算、病気の予防法《よぼうほう》など、自立に必要な知識《ちしき》を教える活動です。かつて路上生活をしていた若者《わかもの》もこの活動に参加し、路上の子どもたちに教える立場になっています。

「人びとのための支援ではなく、人びとと

事業部部長の藤目春子《ふじめはるこ》さんに聞きました

地元が名古屋で、大学時代からいくつかの団体《だんたい》でボランティアや職員《しょくいん》として国《こく》際《さい》協力にかかわってきました。国際協力は生きるのがたいへんな環境《かんきょう》の人たちと向きあう仕事なので、人間が生きることについて考えさせられ、自分の生きかたとも向きあう仕事でもあります。現地《げんち》の空気感はインターネットではけっして得《え》られないものなので、機会があればスタディツアーにぜひ参加してみてください。今後の生きかたを考えるきっかけになるでしょう。

ともに支援する」が、設立《せつりつ》当初からつづくアイキャンの活動の基本《きほん》です。支援する側が自分でできることを見つけるとともに、支援される側の人たちが自分でできることを一つでも多くふやせるような活動をめざしています。

たとえば、仕事のないマニラの母親たちに、日本から縫製技術《ほうせいぎじゅつ》をもった人が指導《しどう》に行き、数年後に母親たち自身で新しい団体《だんたい》をつくり、運営《うんえい》をつづけています。

現在、その団体とアイキャンは、フェアトレードで連携《れんけい》しています。

長年の活動により、アイキャンのネットワークは、国内外のさまざまな団体や、公的な組《そ》織《しき》にも広がりました。そうしたつながりから2015年、中東のイエメンで起きた紛争《ふんそう》によって、国内避難民《ひなんみん》がとても悲惨《ひさん》な状況《じょうきょう》にあることを知り、現地《げんち》の団体を通して食糧《しょくりょう》や日用品の緊急《きんきゅう》支援を行いました。

その活動をきっかけに、アイキャンはイエメン難民《なんみん》を受けいれている対岸の国、ジブチの難民キャンプ（難民や国内避難民の滞在《たいざい》施設）にも支援を行いました。ジブチではフィリピンでの経験を生かし、難民や国内避難民を保護《ほご》・支援する国連機関の「国連難民高等弁務官事務所《べんむかんじむしょ》（UNHCR）」とともに、子どもの支援を中心に活動しました。子どもたちがスポーツや文化活動を楽しむ「子どもの広場」の運営では、難民の青年たちに参加してもらい、自身が難民であっても、ただ支援を受けるのではなく、自分たちにできることで子どもたちをまもり、こまっている人たちの力になれる人間になってほしいということを伝えています。

そのほか、ジブチの難民キャンプでは、子どもと母親のカウンセリングも行いました。母親の精神的《せいしんてき》な不安は、育児に影響《えいきょう》するので、母親のカウンセリングは子どものためでもあるのです。

ボランティアの声

金森雄高《かなもりゆたか》さん

スポーツ写真家として世界のアスリートを撮影《さつえい》していたとき、スポーツを楽しめない状況《じょうきょう》にあるアジアの人たちのちからになりたいと思うようになりました。カンボジアの不発弾処理《ふはつだんしょり》を手伝《てつだ》ったあと、フィリピンの支援《しえん》にかかわりたいと思い、アイキャンに出会いました。最初の５年間は寄付《きふ》だけでしたが、名古屋に引っこしてからは直接《ちょくせつ》ボランティア活動に参加しています。誕生日《たんじょうび》にフィリピンの人から誕生日カードをいただくなど、日本にいても現地《げんち》とのつながりを感じています。

フェアトレード

開発途上国《とじょうこく》にとって公正な貿易《ぼうえき》のしくみのこと。立場の弱い開発途上国のものを不当に安い値《ね》段《だん》で買うのではなく、適正《てきせい》な価《か》格《かく》で購入《こうにゅう》して、その国の生産者を応援《おうえん》することをめざす。

フィリピンでの路上教育の様子です。路上生活の経験《けいけん》があり、現在《げんざい》は「子どもの家」で生活する若者《わかもの》（写真右）も路上教育に参加しています。

海外ボランティアを身近に感じてもらう

アイキャンは国内での活動にも力を入れています。たとえば、日本の子どもたちとフィリピンの子どもたちがオンラインで交流するイベントや、小・中学校での講演会《こうえんかい》のほか、日本の子どもたちや学生に国際《こくさい》協力を紹介《しょうかい》する活動も積極的に行っています。アイキャンが実施《じっし》するフィリピンの活動地を見学し、現《げん》地《ち》の子どもたちと直接《ちょくせつ》ふれあうスタディツアーを、海外研修《けんしゅう》としてとりいれている高校もあります。

気軽にボランティアを体験してもらおうと、1日からボランティアを受けいれているのも、アイキャンの特徴《とくちょう》です。アイキャンにとって、フェアトレード商品の販売《はんばい》、寄付《きふ》物品の整理、イベントの手伝《てつだ》い、募金《ぼきん》活動といったボランティア参加のほか、書《か》き損《そん》じハガキや、未使用切手の寄付なども大きな力となっています。

2022年2月からは「子どもの家」の子どもたちを「家族」となってささえることのできる新たな寄付制度《せいど》を開始し、アイキャンの行動指《し》針《しん》である「ともに」という考えを大切にしながら、保護《ほご》活動の充実《じゅうじつ》をはかっています。

もとインターンの声

松本《まつもと》亜《あ》祐《ゆ》実《み》さん

大好きなフィリピンで貧困《ひんこん》問題にかかわれるインターンシップをさがし、大学4年になるタイミングでアイキャンに申しこみました。現地《げんち》では「子どもの家」でのアクティビティ、路上教育などに参加しました。路上の子どもたちは何をしても楽しそうにしてくれ、毎回幸せな気持ちになりました。インターンの経験《けいけん》から貧困問題の解決《かいけつ》こそわたしの使命だと思い、現在《げんざい》は、フィリピンで貧困層《ひんこんそう》の人びとに向けたサービスを開発している日系《にっけい》ベンチャー企業《きぎょう》ではたらいています。

日本の高校生たちが研修《けんしゅう》旅行でフィリピンをおとずれ、路上生活をする子どもたちと交流しているところです。研修旅行は今後の進路や学びたいことを考えるきっかけにもなっています。

第3章

国内にいる外国人をささえる

外国人への
支援《しえん》とは

この章では、地域《ちいき》の外国人を支援《しえん》する活動を紹《しょう》介《かい》します。外国人のなかには、日本に長く住みながら外国の国籍《こくせき》をもつ人もふくまれています。

外国人にも、日本人と同じように人権《じんけん》があります。しかし日本では外国人の人権をまもるための法制度《ほうせいど》がじゅうぶんに整っていないのが現状《げんじょう》です。そのため不利な立場に置かれている外国人労働者がたくさんいます。また、外国人の子どもがふえているのに、外国人児童に対応《たいおう》できない学校や児童福祉施設《ふくししせつ》が多いことも問題です。

この分野では、日本語指導《しどう》や就職《しゅうしょく》支援などで、民間の団体《だんたい》が活躍《かつやく》しています。支援の内容《ないよう》はさまざまですが、どの団体も外国人が地域の人たちに仲間としてみとめられ、日本で差別や孤独感《こどくかん》を感じることなく、いきいきと生活できるようになることを願っています。

公立小学校に入学予定の外国人の幼児《ようじ》を対象《たいしょう》に、日本語と学校生活のルールを教えるプレスクールの様子。

ⓒトルシーダ

技能《ぎのう》実習生・留学生支援《りゅうがくせいしえん》ボランティア

ベトナム人技能《ぎのう》実習生や留学生《りゅうがくせい》の生命と人権《じんけん》をまもる

日越《にちえつ》ともいき支援会《しえんかい》

外国人技能《ぎのう》実習生、留学生《りゅうがくせい》として来日するベトナム人は、日本語の能力《のうりょく》がじゅうぶんでないために、仕事などで不利な立場にあることが少なくありません。日越《にちえつ》ともいき支援会《しえんかい》は、そんな状況《じょうきょう》のなかで困難《こんなん》におちいっている在留《ざいりゅう》ベトナム人を支援する、ベトナム人のためのかけこみ寺のような存在《そんざい》です。

日本にいるベトナム人のかけこみ寺

日本には、44万人以上*のベトナム人が住んでいます。その半数以上は、外国人技能《ぎのう》実習生と留学生《りゅうがくせい》です。外国人技能実習生とは、技術《ぎじゅつ》や知識《ちしき》の習得《しゅうとく》を目的に、日本の企業《きぎょう》で実習を受けている人のことです。外国人技能実習制度《せいど》は、本来は開発途上国《とじょうこく》で活躍《かつやく》する人材を育てることをめざしていますが、現実《げんじつ》には日本の人手不足をおぎなっている面もあります。現在《げんざい》の制度では外国人が実習というたてまえで、不利な条件《じょうけん》ではたらかされているなど、さまざまな問題が起きています。職場《しょくば》に不満があっても自分から退職《たいしょく》することはむずかしく、職場からにげだしてしまう実習生もいます。

また、ベトナム人留学生にもなやみをかかえている人が少なくありません。まずしい家の子どもが「日本語学校に通いながらお金がかせげる」という説明を受け、出かせぎを目的に、借金をして来日するケースが多いためです。留学生を集める業者が、日本での収入《しゅうにゅう》についてうそをいっている場合もあります。

団体《だんたい》データ

団体名称《だんたいめいしょう》	NPO法人 日越《にちえつ》ともいき支援会《しえんかい》
設立《せつりつ》	2013年
所在地《しょざいち》	東京都港区芝公園《みなとくしばこうえん》2-11-1-203
電話《でんわ》	03-6435-6644
ファクス	03-6435-6694
メール	n.tomoiki@gmail.com
ホームページ	https://nv-tomoiki.or.jp/

＊法務省《ほうむしょう》出入国在留管理庁《しゅつにゅうこくざいりゅうかんりちょう》発表による2020年の在留ベトナム人数。

期待していた収入が得《え》られないと、日本語学校の学費《がくひ》をはらえず退学《たいがく》となります。留学を理由に日本でくらす資格《しかく》を得《え》た人は、退学すると「日本にとどまる理由がなくなった」とみなされ、帰国しなければ「不法滞在《たいざい》」という犯罪《はんざい》になってしまいます。しかし、お金がないと帰国もできません。

ベトナム人技能実習生や留学生の苦しい状況《じょうきょう》を、東京都の浄土宗僧侶《じょうどしゅうそうりょ》、吉水慈豊《よしみずじほう》さんはとても残念に思っていました。吉水さんの父親は、若《わか》いときに仏教国《ぶっきょうこく》であるベトナムを訪問《ほうもん》して以来、ベトナム人の留学僧《りゅうがくそう》を受けいれていました。そして、東日本大《だい》震災《しんさい》ではベトナム大使館の依頼《いらい》により、被災《ひさい》したベトナム人86名をお寺の施設《しせつ》であずかりました。

ベトナム人と接《せっ》する機会がふえた吉水さんは、彼《かれ》らをとりまく状況《じょうきょう》に憤《いきどお》りを感じ、一人《ひとり》一人の問題解決《かいけつ》を手伝《てつだ》っていこうと決意しました。吉水さんに支援《しえん》してもらった人は、自分と同じようななやみをかかえる友人に吉水さんを紹介《しょうかい》するようになり、どんどん相談がふえていきました。

2013年、吉水さんは行政《ぎょうせい》と連携《れんけい》しながらより多くの人のちからになれるように、「日越《にちえつ》ともいき支援会《しえんかい》」を設立《せつりつ》します。「日越ともいき」という名前には、日本とベトナム（越南《えつなん》）の人がともに助けあって生きる社会をつくろう、という思いがこめられています。

コロナ禍《か》では、生活にこまっている人に食事とねる場所を提供《ていきょう》しました。

外国人技能《ぎのう》実習制度《せいど》

開発途上国《とじょうこく》の若者《わかもの》に日本のすぐれた技術《ぎじゅつ》や知識《ちしき》を学んでもらい、母国の発展に貢献《こうけん》してもらう制《せい》度《ど》として1993年にはじまった。現在《げんざい》は2016年に定められた「外国人技能実習法」のもと、1～5年の実習期間がもうけられている。

全国各地から問いあわせが

現在《げんざい》、日越《にちえつ》ともいき支援会《しえんかい》の活動は、在留《ざいりゅう》ベトナム人のこまりごと全般《ぜんぱん》におよんでいます。仕事を失ったり、職場《しょくば》をにげだしたりして、住むところがない人には、仮《かり》の宿泊施設《しゅくはくしせつ》としてねる場所と食事を提供《ていきょう》しています。コロナ禍《か》では、1年半でのべ400人以上を受けいれてきました。また、コロナ禍でお金にこ

代表理事の吉水慈豊《よしみずじほう》さんに聞きました

東日本大震災《だいしんさい》のころから、僧侶《そうりょ》として自殺《じさつ》や過労死《かろうし》でなくなったベトナム人青年のお葬式《そうしき》を手伝《てつだ》うことがふえました。ベトナムから来た若者《わかもの》のSOSを受けとる日本人がいないので、大切な命が失われないよう、わたしがその役をしようと思うにいたりました。現在《げんざい》は毎日どなたかの相談にのっていて、とてもいそがしいのです。でも、日本で苦しい経験《けいけん》をした若者が、わたしたちの支《し》援《えん》で前向きになっていくすがたを見ると、大きなやりがいを感じます。

ボランティアの声
グエン バン バオさん

2017年に来日し、日本語学校で日本語を勉強しました。通《つう》訳《やく》を手伝《てつだ》うようになったのは、2020年、友人が脳梗塞《のうこうそく》になり、こちらにお世話になったのがきっかけです。いまは大学のない土日にだけ事務所《じむしょ》に来ています。大学に通っているのも、吉水《よしみず》さんがある企業《きぎょう》の方と交渉《こうしょう》してくれて、学費《がくひ》を支援《しえん》していただけるようになったおかげです。わたしも来日したばかりのころはことばで苦労したので、人の役にたてるのはとてもうれしいです。

まっている、東京から遠い地域《ちいき》の人には、寄《き》付《ふ》により集められた食料品などをとどけています。その回数はのべ1万回以上になります。

本人が望まないのに解雇《かいこ》や退学《たいがく》になった人からの相談に対しては、本人と実習先や学校などのあいだに入り、両方から話をくわしく聞き、納得《なっとく》のいく道が見つかるように手伝《てつだ》います。

病気や妊娠《にんしん》で診察《しんさつ》を受けることに不安を感じている人には、病院まで同行し、診断《しんだん》の通《つう》訳《やく》や医療費《いりょうひ》の手つづきの手伝いをしています。そのほか、日本の生活に必要な書類の申請《しんせい》の更新《こうしん》、引っこしなど、さまざまな手つづきにも同行しています。日本の企業《きぎょう》が外国人を採《さい》用《よう》するときに重視《じゅうし》している、日本語でのコミュニケーション力をはかる、日本語能力《のうりょく》試験に向けた勉強会を行うなど、日本語学習の支援《しえん》も行っています。

行政《ぎょうせい》や企業《きぎょう》との交渉《こうしょう》はおもに代表の吉水《よしみず》さんが行い、ベトナム語が話せる労働法の研究者が、専門性《せんもんせい》を生かして吉水さんをサポートしています。そのほか、ベトナム出身の青年、日本の大学生など、青年部とよばれる約10人のボランティアスタッフが通訳、翻訳《ほんやく》、日本語指導《しどう》、事務《じむ》仕事などを手伝っています。

仕事を失ったベトナム人技能《ぎのう》実習生とともに、採用《さいよう》してくれそうな企業《きぎょう》の人にくわしい話を聞きます。おくの席左側の男性《だんせい》は、活動に協力している大学の先生です。

仕事が決まったあとは、新しく住むところのルールなどを確認《かくにん》するため、いっしょに現地《げんち》に行きます。

問題を知ってもらうための情報発信《じょうほうはっしん》

ときには国選弁護人《こくせんべんごにん》*からの相談を受け、犯罪《はんざい》にまきこまれたベトナム人の身元引受人《みもとひきうけにん》になることもあります。身元引受人とは、その人の生活を見まもり、更生《こうせい》するように手伝《てつだ》う人のことで、日本人なら家族が身元引受人になるのが一般的《いっぱんてき》です。犯罪にまきこまれるベトナム人は、失職《しっしょく》や退学《たいがく》で日本にとどまる資格《しかく》を失って不法滞在《たいざい》の状態《じょうたい》になっていることが多く、日本では不法滞在のベトナム人に犯罪のイメージがつきまとっています。しかし、不法滞在がふえる理由となっているさまざまな問題については、35ページにあるような留《りゅう》学生《がくせい》をとりまく実態《じったい》や、実習生の転職《てんしょく》にきびしい制限《せいげん》があるなどの制度そのものに問題があることは、じゅうぶんに報道《ほうどう》されてきませんでした。

そこで、日越《にちえつ》ともいき支援会《しえんかい》ではSNSなどを使い、技能《ぎのう》実習生が置かれている状況《じょうきょう》やベトナム人留学生《りゅうがくせい》がかかえている問題を知ってもらおうと、積極的に情報《じょうほう》を発信しています。それを見たマスメディアが動き、世間が関心を向けることで、いまの外国人技能実習制度や入国に関する法律《ほうりつ》を改めようという機運が高まるのではないか、と期待しているのです。

日越ともいき支援会としての将来《しょうらい》の理想は、日本の社会が変わり、ベトナム人をサポートしなくてもよくなり、会を解散《かいさん》することだといいます。しかし、現実《げんじつ》には在留《ざいりゅう》ベトナム人の問題はふえています。今後はベトナム人の両親のもと、日本で生まれた子どもたちのサポートがさらに必要になるだろうと考えています。

ボランティアの声

笠原綾乃《かさはらあやの》さん

コロナ禍《か》で大学がオンライン授業《じゅぎょう》になったとき、「時間があったら手伝《てつだ》って」とたのまれ、事《じ》務《む》作業の補助《ほじょ》をはじめました。ベトナムの人と話す機会がふえ、いろいろな話を聞くと、自分もベトナム語ができたらもっといろいろ支援《しえん》してあげられるのではないかと思うようになりました。大学に入学したとき、大学生活でかなえたい目標がなかったわたしですが、いまはベトナム語習得《しゅうとく》という目標ができました。そして、大学の交換留学生《こうかんりゅうがくせい》に選ばれ、2022年秋にベトナムに行く予定です。

日本語能力《のうりょく》試験の模擬《もぎ》試験を行っています。日本語能力試験でよい成績《せいせき》がとれると、就職《しゅうしょく》で有利になります。

＊刑事事件《けいじじけん》の被疑者《ひぎしゃ》が経済的《けいざいてき》な理由などで弁護人《べんごにん》を選任《せんにん》できないとき、国が選任する弁護人。

ブラジル人児童に日本語を教え、地域《ちいき》にとけこむ支援《しえん》をする

トルシーダ

外国人児童は日本に住んでいても日本語の読み書きが苦手なことが多く、地元の公立小・中学校に通えない場合があります。愛知県豊田市《とよたし》を中心とした地域《ちいき》で、ブラジル人児童を対象《たいしょう》に日本語教室やプレスクールの運営《うんえい》を行い、子どもたちが地域社会にとけこめるように支援《しえん》するトルシーダの活動を紹《しょう》介《かい》します。

ブラジル人の子どもたちに日本語を指導《しどう》

みなさんは「日系人《にっけいじん》」ということばを知っていますか？　日系人とは、日本から日本以外の国に永住《えいじゅう》の目的をもって移住《いじゅう》した人と、その子孫です。外国人が日本国内ではたらく場合にいろいろな条件《じょうけん》がありますが、1990年「出入国管理及《およ》び難民認定法《なんみんにんていほう》」が改正され、日系人は日系３世（外国に移住した人の孫）までなら、条件を問わず日本ではたらけるようになりました。それにより、一部の地域《ちいき》では日系外国人の労働者が急増《きゅうぞう》しました。その一つが、トルシーダの活動拠点《きょてん》がある愛知県豊田市《とよたし》です。

日本を代表する自動車メーカー、トヨタ自動車の本社がある豊田市では、1990年以降《いこう》、自動車関連工場が日系ブラジル人を積極的に受けいれてきました。来日した彼《かれ》らの多くは日本語がほとんどできませんでしたが、行政《ぎょうせい》は「日本滞在《たいざい》は２～３年だろう」と、あまり関心をもっていませんでした。しかし、予想よりもブラジルに帰る人は少なく、結婚《けっこん》・出産などもあり、豊田市のブラジル人の数はふ

団体《だんたい》データ

団《だん》体《たい》名《めい》称《しょう》	NPO法人 トルシーダ
設《せつ》　立《りつ》	2003年
所《しょ》在《ざい》地《ち》	愛知県豊田市《とよたし》小坂本町《こざかほんまち》1-4-12 梅村《うめむら》ビル 3F1
電《でん》　話《わ》	090-6462-3867
メール	torcidajpjp@yahoo.co.jp
ホームページ	https://torcida.jimdofree.com/

えていきました。やがて外国人が多く住む豊田市保見ケ丘《ほみがおか》にある保見団地《だんち》には、地元の公立学校になじめなかったり、私立《しりつ》のブラジル人向けの学校に通うお金がなかったりといった理由で、平日の日中、学校に行かないブラジル人の子どもたちがめだつようになりました。ブラジル人コミュニティーのなかで生活している子どもたちの多くは、日本人に接《せっ》する機会が少なく、日本語の会話も、読み書きもできませんでした。

トルシーダのプレスクールでは、日本の小学校を意識《いしき》し、先生の話を聞く時間や、机《つくえ》で作業する時間をつくっています。

外国人に日本語を教えるボランティア活動をしていた伊東浄江《いとうきよえ》さんは、その状況《じょうきょう》を見かねて、1998年、仲間とともにブラジル人の子どもたちに日本語を教える活動をはじめます。日本人と接したことがなかった子どもたちも、日本語教室で日本人とふれあい、日本の文化を少しずつ知るようになりました。日本語ができるようになって、公立小学校に通う子も出てきました。2000年代はじめ、豊田市のブラジル人の数が1万人に近づくなか、行政も日本語指導《しどう》の重要性《じゅうようせい》を理解《りかい》し、2003年、伊東さんたちのグループは行政に後おしされるかたちで、トルシーダを設立《せつりつ》しました。

就学前《しゅうがくまえ》に日本文化になれてもらう

トルシーダが運営《うんえい》する子ども向けの日本語教室は、現在《げんざい》は自治体の依頼《いらい》のもと、豊田《とよた》市《し》、安城市《あんじょうし》、みよし市の合計6か所で開かれています。トルシーダの保見《ほみ》教室で学ぶ子どもたちの約8割《わり》は、地域《ちいき》の公立小・中学校ではなく、ブラジル人向けの「ブラジル学校」に通っています。語学力だけでなく、ブラジルとの文化のちがいも、日本の公立校を選ばない理由になっています。子ども時代に日本人にいじめられた経験《けいけん》から「日本の学校はこわい」と思っているブラジル人保護者《ほごしゃ》も少なくありません。

代表理事の伊東浄江《いとうきよえ》さんに聞きました

トルシーダの日本語教室は、地域《ちいき》のブラジル人と日本社会をつなぐ「ハブ（中《ちゅう》心軸《しんじく》）」のような役割《やくわり》をになっています。居場所《いばしょ》がない子どもたちに声をかけたり、進路になやむ学生の相談にのったり、語学以外のこともしながら、子どもたちが地域で活躍《かつやく》できる人材に育っていけるよう応援《おうえん》しています。いっぽうで、日本語力の高い子もそうでない子も自己実現《じこじつげん》できる、真に多様性《たようせい》ある社会になるよう、いろいろな立場の人といっしょに活動していきたいです。

もとボランティアの声

花田果林《はなだかりん》さん

中学生時代に外国から来た友人と出会い、習った英語を必死に使ってコミュニケーションをとり、自分の世界が広がったような気がしました。それがきっかけで語学や海外に興味《きょうみ》をもつようになり、大学時代トルシーダのボランティアに。子どもたちによりそうことを意識《いしき》して、学習のサポートなどを行いました。IT企業《きぎょう》に入社したいま、なれない環境《かんきょう》でも前向きでいられるのは、なれない日本で懸命《けんめい》に学ぶ子どもたちに出会ったおかげです。

ブラジル人の子どもが日本の小学校に通うには、より小さいうちから日本の文化になれたほうがいいとわかり、現在《げんざい》は就学《しゅうがく》前の子どもを対象《たいしょう》としたプレスクールも合計4か所で運営《うんえい》しています。プレスクールで本の読み聞かせや遊びを体験しておくと、日本の小学校になじみやすくなるのです。

ブラジル人も日本での将来《しょうらい》に夢《ゆめ》がもてるように

教科の内容《ないよう》を理解《りかい》するまでの日本語力習得《しゅうとく》には、5～7年かかるため、ブラジル人の中学・高校生の学習を支援《しえん》する「土曜日教室」も1か所で行っています。じつは、愛知県の制度《せいど》では、ブラジル学校の中等部を優秀《ゆうしゅう》な成績《せいせき》で卒業しても、日本の高校には入学できません。「中学校卒業程度認定《ていどにんてい》試験」というものに合格《ごうかく》して、はじめて日本の高校を受験する資格《しかく》が得《え》られます。トルシーダではそうした情報《じょうほう》を子どもたちに伝え、できるだけ本人が望む道に進めるように支援しています。

ブラジル人の子どもたちの多くは、経済的《けいざいてき》な事情《じじょう》と語学力の問題から、ブラジル学校の高等部を卒業すると、すぐに地元で就職《しゅうしょく》します。そこで、トルシーダでは、ほかのグループとともに高校生向けのキャリア支援を行っています。たとえば、地元企業《きぎょう》が集まる展示会《てんじかい》に高校生を連れていき、企業に仕事内容《ないよう》や外国人の受けいれなどについての話を聞きます。いろいろな仕事や企業を知り、「こういう企業ではたらきたい」と希望をもつことは、日本語学習を

地元の大学生とトルシーダに通う中学・高校生との交流キャンプ。大学生には異文化理解《いぶんかりかい》やチームワークの力を養う経験《けいけん》となり、中学・高校生には将来《しょうらい》を考え、協調性《きょうちょうせい》を育てる機会となります。

がんばる原動力にもなります。じっさいに就職活動をはじめるときには、面接《めんせつ》の指導《しどう》などもしています。

地域《ちいき》や社会とブラジル人をつなげる

子どもだけでなく、就職《しゅうしょく》のために日本語を学びたいおとなのための日本語教室も行っています。日本語ができないと、単純《たんじゅん》作業や肉体労働など、会話の必要がない職種《しょくしゅ》にかぎられてしまいますが、日本語がじょうずになると、ホテルや飲食店、老人介護施設《かいごしせつ》など、就職先《しゅうしょくさき》の種類がぐんと広がります。

2019年から2020年にかけては、保見団地《ほみだんち》の日本人とブラジル人がもっと仲よくなれるように、落書きの多いかべをアートを楽しむ場に変える、アートプロジェクトを行いました。アーティストや学生も加わり、いままであまり接点《せってん》がなかった、日本人の住民とブラジル人の住民が交流することで、たがいに地域《ちいき》をよくしようというふんいきが生まれはじめました。保見団地でのコミュニティー活動は、地元の大学生たちに引きつがれ、子ども食堂《しょくどう》などに発展《はってん》しています。

これらの運営《うんえい》を手伝《てつだ》うボランティアにもとめられるものは、子どもたちによりそう気持ちです。専門的知識《せんもんてきちしき》が必要な部分は、外部の専門家のアドバイスを受けているので、日本語教師《きょうし》の資格《しかく》がなくてもボランティア活動に問題はありません。

今後は、子どもたちの多様性《たようせい》が生かされるような教育システムが日本につくられるよう、行政や一般の人びとに、より積極的に情報《じょうほう》発信していきたいと考えています。

講義《こうぎ》だけでは日本語が苦手な子どもたちの関心がつづかないので、ゲーム的な要素《ようそ》をとりいれるなど、くふうをこらして楽しみながら勉強できるようにしています。

もとボランティアの声

林田由佳《はやしだゆか》さん

大学時代、外国人児童・生徒の教育についての論文《ろんぶん》でトルシーダの存在《そんざい》を知りました。日本語教室の活動に参加させてもらうと、先生方が子どもたちをたくさんほめ、悪いことはしっかり叱《しか》り、親子のような関係がきずかれていることが新鮮《しんせん》でした。現在《げんざい》、わたしはフィリピンの日本人学校で小学校教諭《きょうゆ》をしています。トルシーダでの経験《けいけん》をもとに生活や文化の理解《りかい》につながる学習や、子どもたちからも学ぶ「共育」の姿勢《しせい》を心がけています。

外国人を孤立《こりつ》させないために、ほかにどんな支援《しえん》が必要か考えてみましょう。

解説《かいせつ》

国際《こくさい》協力とボランティア

ボランティアをより深く知るために、
国際《こくさい》協力ボランティアの特徴《とくちょう》を
見ていきましょう。

1. 国際《こくさい》協力ボランティアの特徴《とくちょう》は「専門性《せんもんせい》」
2. 国際協力の分野と考えかた
3. 国際協力にかかわる身近な問題

1. 国際《こくさい》協力ボランティアの特徴《とくちょう》は「専門性《せんもんせい》」

開発途上国《とじょうこく》

先進国とくらべて、経済《けいざい》、産業の開発が途上《とじょう》（途中《とちゅう》）である国。経済の面に注目したよびかたで、文化や伝統《でんとう》などの面で先進国よりおとっているという意味ではないことに注意。

民間で国際《こくさい》協力を行う団体、NGO

世界には、水や食料などの生きるために必要なものや、教育や医療《いりょう》など社会サービスがじゅうぶんいきわたらない国がたくさんあります。飢《う》えや貧困《ひんこん》、また紛争《ふんそう》などに苦しみながら生きている人びとがいます。差別や弾圧《だんあつ》のため、人権《じんけん》と生命をおびやかされている人びとがいます。このような人びとが必要としている支援《しえん》を行うのが国際《こくさい》協力です。

国際協力を、何を提供《ていきょう》するかで大きく分けると、資金《しきん》を送ったりかしつけたりする「資金協力」、技術《ぎじゅつ》を教えて自立と発展《はってん》を支援する「技術協力」の二つがあります。おもに開発途上国《とじょうこく》がその対象となります。

国際連合児童基金《ききん》（UNICEF《ユニセフ》）や世界保健《ほけん》機関（WHO）など、国際連合の補助機関が、それぞれの分野で支援を行っています。日本政府《せいふ》はODA（政府開発援助《えんじょ》）を行い、国際協力機構《きこう》（JICA《ジャイカ》）がその実施《じっし》をになっています（→ 10 ページ）。

これら国や公的機関とはちがう民間の立場から、利益《りえき》を目的とせずに、地球規模《きぼ》の問題にとりくむ団体が NGO です。

国際協力を行うには、分野や地域の特徴《とくちょう》によってさまざまな能力《のうりょく》が必要です。たとえば生活環境《かんきょう》を整えるための土木工事や医療行為《いりょうこうい》など、支援するための専門的《せんもんてき》な技術や、人びとを苦しめている問題の根本を見つける能力を要します。現地《げんち》の人とコミュニケーションをとるには語学力や、地域《ちいき》特有の文化への理解《りかい》も欠かせません。また、安全が約束されているとはかぎらないため、まず自分の身をまもるために情報《じょうほう》を集め、社会状況《じょうきょう》を適切《てきせつ》に判断《はんだん》する力も重要です。活動をつづけるためには、資金《しきん》や資材《しざい》を調達しなければなりません。NGO は、とりくむ分野や地域におうじた高度な専門性《せんもんせい》をもって活動しています。

NGO の誕生《たんじょう》と発展《はってん》

NGO の発祥《はっしょう》は、欧米《おうべい》のキリスト教会による布教《ふきょう》・慈善《じぜん》活動だと考えられています。19 世紀《せいき》のなかばには、スイス人のアンリ・デュナンの提唱《ていしょう》により赤十字（国際《こくさい》赤十字）が生まれました。赤十字は「人の命を尊重《そんちょう》し、苦しみのなかにいる者は、敵味方《てきみかた》の区別なくすくう」ため、国《こく》際紛争《さいふんそう》（戦争）できずついた兵士、捕虜《ほりょ》、一般《いっぱん》市民、また自然災害《さいがい》の被《ひ》災者《さいしゃ》に医療《いりょう》などの援助《えんじょ》を行う国際組織《そしき》です。

第一次世界大戦からは、本格的《ほんかくてき》な戦災者《せんさいしゃ》の救済《きゅうさい》活動が行われるようになりました。第二次世界大戦後、1950 年代には開発途上国《とじょうこく》への支援《しえん》活動がはじまります。アジア・アフリカの国ぐにが次つぎと独立《どくりつ》する時代背景《はいけい》のもと、1960 年代以降《いこう》、この傾向《けいこう》が高まっていきます。また、第二次世界大戦の反省から国際連合（国連）が生まれ、人権問題、環境問題に注目した支援活動が活発になっていきました。

日本では、1960 年代にアジアを中心とした開発途上国の問題にとりくむ団体が誕生《たんじょう》しました。NGO の活動が本格化《ほんかくか》したのは 1970 年代末、インドシナ難民《なんみん》の大量流出問題がきっかけです。難民救済団体が次つぎと設立され、支援の対象《たいしょう》も広がっていきます。1980 年代後半になると環境問題が広く関心をもたれるようになり、国際協力への意識も高まっていきました。

日本のNGOの活動地域《ちいき》

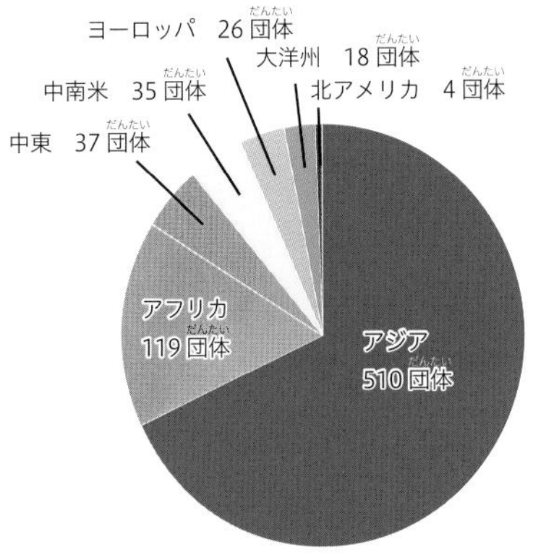

日本のNGOの活動分野

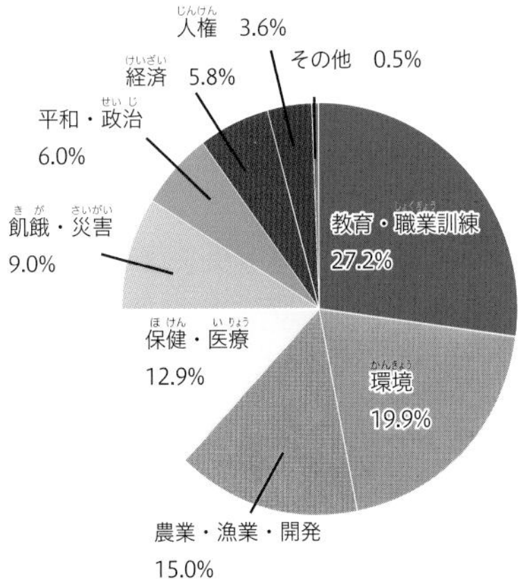

外務省発行「NGO データブック 2016」による。
430 団体《だんたい》による複数《ふくすう》回答。

日本の NGO の活動地域《ちいき》の割合《わりあい》はアジアがもっとも多く、活動分野は、教育・職業《しょくぎょう》訓練、なかでも子どもの教育に関するものが多くなっています。

インドシナ難民《なんみん》

旧《きゅう》フランス領《りょう》インドシナ（現在《げんざい》のベトナム、ラオス、カンボジア）で起こった第二次インドシナ戦争のため国外にのがれた難《なん》民《みん》。戦争は1960年代から70年代末まで断続的《だんぞくてき》につづいた。

2. 国際《こくさい》協力の分野と考えかた

2015年、アフガニスタンで用水路の建設《けんせつ》にとりくんだ中村哲《なかむらてつ》医師《いし》（写真中央）。水はもっとも重要なインフラの一つです。

© PMS/ ペシャワール会

生活環境《かんきょう》の向上をめざす開発援助《えんじょ》

開発援助《えんじょ》の目標は、広い意味での「生活の向上」です。まず挙げられるのは、住宅《じゅうたく》や上下水道、電気といった生活インフラの改善《かいぜん》です。これらは資金《しきん》や資材《しざい》も必要となる大がかりな仕事です。あらかじめ国の政府《せいふ》や大使館などと話し合ったうえで、設備《せつび》を整える技術《ぎじゅつ》をもった人を適切《てきせつ》に配置する能力《のうりょく》がもとめられます。ほかの国のNGOと協力しながら活動を行うこともあります。

まちづくりなどの地域《ちいき》開発、持続可能《かのう》な産業（農業・工業など）の開発・指導《しどう》についても同じことがいえます。また、大事なのは現地《げんち》の人が必要としていることと合っているかどうかです。これはほかの領域《りょういき》にも共通する大きな原則《げんそく》の一つです。先進国の文化や考えかたをおしつけるのではなく、現地の人たちの意思を尊重《そんちょう》しながら進めなければなりません。最終的には、NGOがその地を去っても、現地の人が主導《しゅどう》して活動をつづけていけるしくみをつくりあげることをめざします。

教育の機会や職業《しょくぎょう》訓練の提供《ていきょう》も、貧困《ひんこん》をたちきることにつながります。知識《ちしき》や技術を身につける機会がなければ仕事の選択肢《せんたくし》はせまくなり「幸せに生きる」ための人権《じんけん》の概念《がいねん》さえ知らないまま生きていくことになるのです。もちろん施設《しせつ》だけでなく、指導者《しどうしゃ》の派遣《はけん》や研修《けんしゅう》も必要です。

世界の6～14歳《さい》の子どものうち、約1億2100万人が学校に通えていないという推計《すいけい》もあります（2018年のUNICEF《ユニセフ》報告《ほうこく》による）。教育を受ける機会を保障《ほしょう》するとともに、持続可能《かのう》な開発目標（SDGs《エスディージーズ》）のゴール4に「質《しつ》の高い教育をみんなに」とあるとおり、教育の質を上げる支援《しえん》がもとめられています。

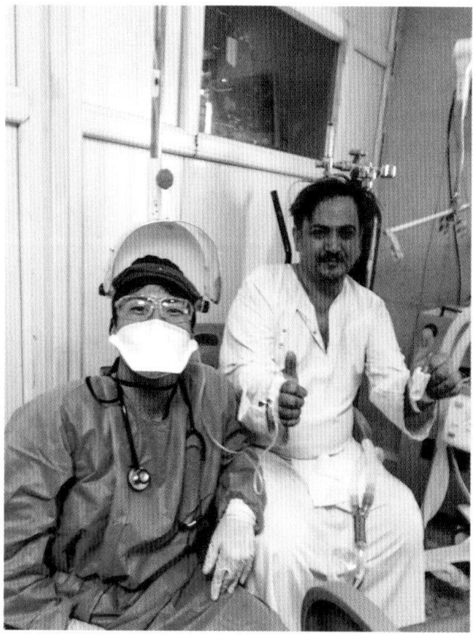

コロナ禍《か》に「国境《こっきょう》なき医師団《いしだん》」のスタッフとしてイラクに派遣《はけん》された日本人看護《かんご》師《し》と、回復《かいふく》を喜《よろこ》ぶ患者《かんじゃ》。　© MSF

命をまもる保健医療《ほけんいりょう》活動

開発途上国《とじょうこく》の多くでは、いまも不衛生《ふえいせい》な環境《かんきょう》、栄養不足の問題が改善《かいぜん》されていません。感染症《かんせんしょう》が流行しやすく、しかも医療設備《いりょうせつび》が整っていないため、出産後、すぐになくなる母子も少なくないのです。

これを解消《かいしょう》するためには、衛生的《えいせいてき》な環境と医療設備が必要です。ワクチンや医薬品の提供《ていきょう》、医師《いし》や看護師《かんごし》の派遣《はけん》のみならず、現地《げんち》での医療を行う人材の育成ももとめられます。保健制度《ほけんせいど》が整備《せいび》されていなかった当時、日本も海外から支援《しえん》を受けていたことがありました。第二次世界大戦後、国連機関であるUNICEFが子どもたちのために多額《たがく》の支援《しえん》を、アメリカのNGOが医薬品や日用品などの物資《ぶっし》を提供しました。こうした援《えん》助《じょ》で、戦後のまずしい子どもたちの命がすくわれました。わたしたちも、

NGOなどへの寄付《きふ》を通じて、支援《しえん》を行うことができます。

人権《じんけん》をまもる人道支援《しえん》

2020年末時点で、紛争《ふんそう》や迫害《はくがい》、暴力《ぼうりょく》、人権侵害《じんけんしんがい》などによって、ふるさとを追われた人は世界で約8240万人。そのうち国境《こっきょう》をこえて、難民《なんみん》となった人は約2640万人います（「UNHCRグローバル・トレンズ・レポート2020」による）。危機的《ききてき》な状況《じょうきょう》にある人を支援《しえん》する人道支援のなかでも、難民の保護《ほご》活動は大きな分野の一つです。具体的な支援としては、難民がくらす難民キャンプでの生活支援、定住先となる受けいれ国や地域《ちいき》との調整などがあります。

日本にも、ふるさとの国を追われてやってきた人びとがいます。日本政府《せいふ》に難民認定《にんてい》をもとめていますが、結果が出るまで数年の時間がかかることがほとんどです。認定を待つ期間は不法滞在《たいざい》とされてしまうため、出入国在留《ざいりゅう》管理局の施設《しせつ》に収容《しゅうよう》される人もいます。政府の対応《たいおう》の改善《かいぜん》を強くもとめたり、彼《かれ》らの生活をささえたりする支援が、NPOなどのボランティアの手で行われています。

イラクやカンボジア、ラオスなどをはじめとする国ぐにで行われている地雷《じらい》の除去《じょきょ》活動も、人道支援の一つです。この活動には大きな危険《きけん》がともない、とくに専門家《せんもんか》にしか手の出せない領域《りょういき》です。しかし、そうした地域の復興《ふっこう》を支援したり、現状《げんじょう》を発信したりすることで、わたしたちも活動を助けることができます。

難民《なんみん》の出身国（2020年）

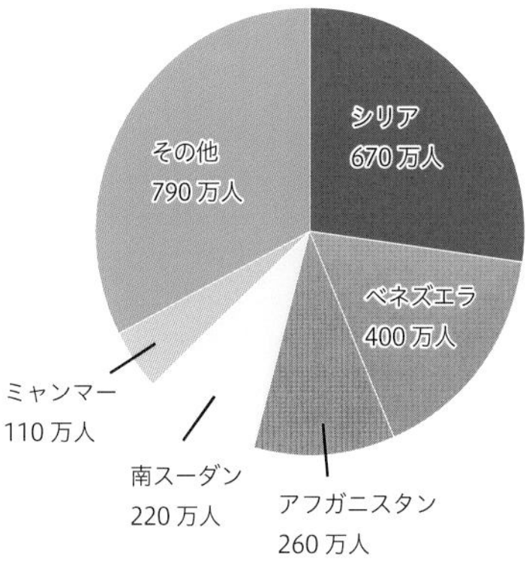

「UNHCRグローバル・トレンズ・レポート2020」による。難民申請者《なんみんしんせいしゃ》をのぞく数値《すうち》であり、合計は難民総数《そうすう》と一致《いっち》しない。

シリア、ベネズエラ、アフガニスタン、南スーダン、ミャンマーの5か国が難民《なんみん》の出身国の約68パーセントをしめます。

開発途上国《とじょうこく》と環境《かんきょう》問題

森林や生態系《せいたいけい》などの環境保全《かんきょうほぜん》は世界的な課題であり、もちろん日本も例外ではありません。開発途上国《とじょうこく》特有の問題として、環境問題を改善《かいぜん》するためのじゅうぶんな法制度《ほうせいど》がない国があります。ごみの処理《しょり》にしても、回収《かいしゅう》のしくみが確立《かくりつ》されていなかったり、廃棄《はいき》のルールをいきわたらせることができない地域《ちいき》が多くあります。

経済《けいざい》の発展《はってん》が優先《ゆうせん》されやすい開発途上国では、都市化、工業化が進むなかで、先進国のあとを追うように大気汚染《おせん》などの公害問題が深刻化《しんこくか》しています。また、地球温暖化《おんだんか》の原因《げんいん》となる二酸化炭素《にさんかたんそ》の排出量削減《はいしゅつりょうさくげん》は国際《こくさい》社会全体の目標ですが、この排出量は経済や産業の発展とともにふえていきます。開発途上国に環境保全の資金《しきん》や技術《ぎじゅつ》を提供《ていきょう》する支援《しえん》が必要です。植林などの環境保護《ほご》活動を進めるには、各地域《かくちいき》の自然環境だけでなく、経済政策《せいさく》などをふくめて考察できる知識《ちしき》ももとめられます。

違法《いほう》に焼きはらわれたブラジルのアマゾン熱帯雨林。まわりはすでに牧場になっています。　©朝日新聞社

3. 国際協力《こくさい》にかかわる身近な問題

日本の廃《はい》プラスチック輸出量《ゆしゅつりょう》（2020 年）

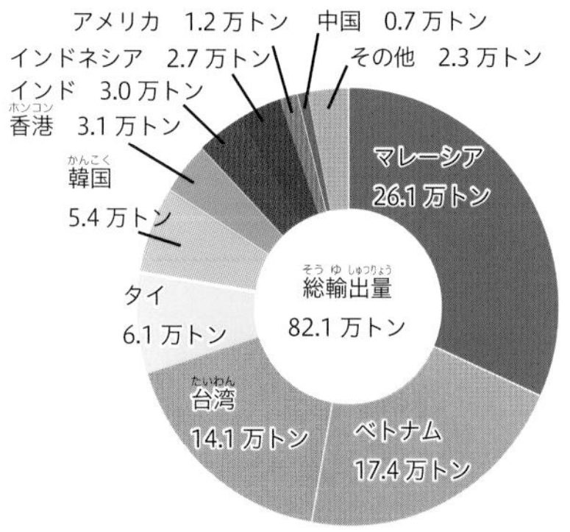

財務省《ざいむしょう》、「グローバル・トレード・アトラス」による。それぞれ概数《がいすう》のため、項目《こうもく》の合計は総輸出量《そうゆしゅつりょう》と一致《いっち》しない。

中国が 2017 年末に廃《はい》プラスチックの輸入《ゆにゅう》を原則禁止《げんそくきんし》したのをはじめ、東南アジアの国ぐにも次つぎと規制《きせい》をはじめています。日本の廃プラスチック輸出量《ゆしゅつりょう》はへる傾向《けいこう》にありますが、さらに国内でのリサイクルなどによる処理《しょり》を進める必要があります。

日本にいてできること、日本ですべきこと

多くの分野で国際《こくさい》協力に力をつくす人がいるいっぽうで、じつはわたしたちの生活が開発途上国《とじょうこく》に悪い影響《えいきょう》をあたえることもあります。

たとえば、わたしたちが「寄付《きふ》」したつもりの古着が、膨大《ぼうだい》な量のために新たな問題を引きおこしました。アフリカの国ぐにでは、寄付された古着を売る古着産業がさかんになり、地元の繊維《せんい》産業の発展を大きくさまたげてしまったのです。

また、先進国が自国で処理《しょり》しきれない廃《はい》プラスチックを、アフリカや東南アジアの国ぐにに輸出《ゆしゅつ》していることは国際的《こくさいてき》な問題となっています。日本も例外ではなく、2020 年には 82.1 万トンもの廃プラスチックを海外に輸出しています。

日本国内でも新たな課題が生まれています。近年、日本には外国人労働者がふえています。日本の社会は、彼《かれ》らの労働力にたよりながらも、ともに日本に住む仲間として受けいれることがまだできていません。このことが多くの問題を生んでいます。その一つが、海外にルーツをもつ子どもたちの就学《しゅうがく》問題です。

日本語を母国語としない子どもは、日本の学校で学ぶとき、さまざまな問題をかかえます。授業《じゅぎょう》の内容《ないよう》がわからない、友だちと話せないなどの理由で不登校になってしまう子どもは少なくありません。さらに、もともと学校に通っていない子どももいます。日本にいる外国人の子どものうち、小・中学生の年齢《ねんれい》で学校に通っていない子どもの数は 2 万人以上にのぼるとみられます（文部科学省 2019 年調査《ちょうさ》による）。

じつは、日本国憲法《けんぽう》で定められた「子どもを学校に通わせる義務《ぎむ》（就学義務）」は、日本国籍《こくせき》をもたない人にはあてはまらないとされています。そのため、保護者《ほごしゃ》がみずから進んで手つづきをしなければ、外国人の子どもは学校に通うことができません。子どもの就学を助けるはたらきかけやサービスが足りていないのです。

このように身近にも、国際協力にかかわる課題があります。国際協力は、世界の人びとともに幸せな未来をつくるための活動です。わたしたちのくらしが世界とつながっていること、すぐ近くに海外にルーツをもつ友だちがいることを意識《いしき》しながら、自分にできることを考えていきましょう。

さくいん

●監修

西尾雄志（にしお・たけし）

早稲田大学大学院社会科学研究科満期退学。博士（学術）。学生時代よりFIWC（フレンズ国際ワークキャンプ）関東委員会で活動を行う。早稲田大学平山郁夫記念ボランティアセンター客員准教授などをへて、現在は近畿大学総合社会学部准教授。日本ボランティア学習協会理事、日本財団ボランティアセンター理事。著書に『ハンセン病の「脱」神話化自己実現型ボランティアの可能性と陥穽』（皓星社）、共著に『承認欲望の社会変革ワークキャンプにみる若者の連帯技法』（京都大学学術出版会）がある。

●取材協力（五十音順）

NPO法人 トルシーダ
NPO法人 日越ともいき支援会
公益財団法人 ジョイセフ
独立行政法人 国際協力機構（JICA）
認定NPO法人 アイキャン
認定NPO法人 国境なき医師団日本
ペシャワール会

●写真提供（五十音順）

朝日新聞社
NPO法人 トルシーダ
NPO法人 日越ともいき支援会
公益財団法人 ジョイセフ
独立行政法人 国際協力機構（JICA）
認定NPO法人 アイキャン
認定NPO法人 国境なき医師団日本
ペシャワール会

●表紙・カバー写真提供

大…公益財団法人 ジョイセフ
小…認定NPO法人 アイキャン

●本扉写真提供

公益財団法人 ジョイセフ

●スタッフ

執筆・撮影	長野伸江
執　　筆	栗生こずえ
装　　丁	村口敬太（Linon）
デザイン・組版	株式会社ライツ（角田竜一）
イラスト	宮下やすこ
校　　正	菅村薫
編集・制作	平尾小径
	株式会社桂樹社グループ
編集協力	當摩裕子
制作協力	福島デザイン室

ISBN978-4-7999-0438-1　NDC 369　48p　293×215mm

もっと知りたいボランティア

4　知ろう！ 国際協力ボランティア

2022年3月　初版第1刷発行

発行者　水谷 泰三
監　修　西尾 雄志
発　行　株式会社**文溪堂**

〒112-8635　東京都文京区大塚3-16-12
TEL　営業（03）5976-1515　編集（03）5976-1511
ホームページ　https://www.bunkei.co.jp

印刷・製本　図書印刷株式会社